Sobo Swobodnik
Dem Himmel ganz nah

Sobo Swobodnik

Dem Himmel ganz nah

Reportagen von der Schwäbischen Alb

Klöpfer & Meyer

„Für's Auge angenehme Gegenden …"

Johann Wolfgang Goethe an Friedrich Schiller
über seine Reise 1797 durch den heutigen
Zollernalbkreis

Vorwort

Im Herbst 2007 war ich sechs Wochen lang im Auftrag der Stadt Albstadt und im Zuge der Baden-Württembergischen Literaturtage vom 5. Oktober bis zum 16. November als sogenannter *Albschreiber* auf der Schwäbischen Alb, genauer im Südwesten der Alb, im Zollernalbkreis, mit einem 7 Meter langen Wohnmobil, in dem ich während der Zeit auch wohnte, unterwegs.

Die Aufgabe als Albschreiber bestand darin, täglich ein Internettagebuch zu führen, wöchentlich eine Kolumne über Land und Leute in der hiesigen Tageszeitung, dem *Zollern-Alb-Kurier*, zu verfassen und abschließend die Eindrücke, Erlebnisse und Erfahrungen dieser Reise in Reportagen festzuhalten.

In über 5000 Kilometern und einem halben Dutzend Tankfüllungen fuhr ich kreuz und quer über die Südwestalb, immer auf der Suche nach Geschichten, die erzählenswert erschienen. Ich ließ mich von einem Schäfer zum Mittagessen verpflichten, mir von Mönchen und Nonnen Klöster zeigen, stand in einer überhitzten Schnitzerei, in einer kalten Kirche, umgeben von geheimnisvollen Fresken und wandelte mit roter Nase und Eisklumpen an den Beinen durch einen frostigen, aber unbeschreiblich schönen Märchengarten. Ich trank Kaffee auf Wohnzimmersofas vor Mahagonieinbauschränken und in Büros neben hauchzarten Dessous, saß andächtig in einem ‚Bauerndom‘, erlebte mehrere, meist weltliche Wunder und ließ mich auch einmal in der Nacht, eher widerwillig als freiwillig, von testosterongesteuerten Wildschweinen besuchen.

Über 25 Stunden Interviewmaterial kamen bei den Begegnungen mit Mensch und Tier von der Schwäbischen Alb zusammen, aus denen dann über Monate hinweg schlussendlich die hier zusammengefassten Reportagen entstanden sind. Lebensgleichnisse und Menschenbilder sind es geworden, Geschichten von der Schwäbischen Alb, aus der Provinz, fernab der Metropolen, wo nach Meinung eines der Porträtierten „kein Papst boxt und keine Nonnen catchen" – aber viel Interessantes zu entdecken und um so Eigenwilligeres zu erleben ist.

Sobo Swobodnik

Schwäbische Alb

Die Schwäbische Alb ist ein Mittelgebirge in Südwest-
deutschland. Die Schwäbische Alb und ihr Vorland er-
strecken sich in einem weiten Bogen vom Hochrhein bei
Schaffhausen bis zum Ries an der baden-württembergisch-
bayerischen Landesgrenze. Der nordwestliche Steilabfall,
der Albtrauf, trennt Albhochfläche von Albvorland. Im
Südosten wird die Schwäbische Alb in etwa durch Donau
und Hegau eingegrenzt. Nach Südwesten kann sie mit der
schwäbisch-niederalemannischen Sprachgrenze bei Tuttlingen und Spaichingen abgegrenzt werden. Die Länge von
Südwest nach Nordost beträgt etwa 220 Kilometer, die brei-
teste Stelle, zwischen Donau und Filderebene, beträgt etwa
80 Kilometer. Geologisch ist die Schwäbische Alb Element
des Südwestdeutschen Schichtstufenlandes. Sie ist Teil der
Tafeljuralandschaft zwischen Basel und Nördlinger Ries.

Zollernalb

Der Zollernalbkreis hat hauptsächlich Anteil an der Schwäbischen Alb sowie dem Albvorland. Im Kreisgebiet liegt der
dritthöchste Berg der Schwäbischen Alb, der Plettenberg
(1002 m.ü.NN). Die größte Stadt im Zollernalbkreis mit
knapp 47000 Einwohnern ist die Stadt Albstadt. Im Südosten reicht das Kreisgebiet fast bis an die Donau. Auffällig
ist der sogenannte Albtrauf, die Schichtstufe der Schwäbischen Alb in der Landschaft der Zollernalb, die in der Erd-
neuzeit, seit rund 70 Millionen Jahren, durch den Wechsel
von Warm- und Eiszeiten sowie die Erosionskraft von
Wind, Wasser und Eis entstand. Vor fast 200 Millionen

Jahren erstreckte sich dort, wo heute die Zollernalb ist, ein Meer – das Jurameer. Der Albtrauf mit seinen schroffen Felsen, z.B. dem Lochenhörnle (bei Balingen) oder dem Hangenden Stein (bei Albstadt-Onstmettingen), teilt den Zollernalbkreis in das Albvorland und die Albhochfläche mit den typischen Wacholderheiden.

Inhalt

Vorwort   5

Eine Art Prolog: Die Anwesenheit von Stille
Zwei, drei Unterschiede zwischen Stadt und Land,
Provinz und Metropole   13

Dem Himmel ganz nah und doch nicht aus der Welt
Über Gott und die Welt im Kloster, Beuron, Habsthal und
die Frage: Gibt es ein Leben vor dem Tod?   23

Warum weiße Schafe mehr fressen als schwarze
Ein Schäfer und sein charismatischer Hund   43

Flüchtige Begegnung (1)   57

Und gestern und heute spielt auch eine Rolle. Jetzt
Das Theater Lindenhof: Grenzgänger fernab der Metropole
und doch ganz nah   59

Nur ein Stück Holz und doch das ewige Leben
Die Schömberger Fasnet, ein Schnitzer mit Hang zum Buddhismus
und zur Sonne Spaniens   71

Flüchtige Begegnung (2)   83

9

Hier boxt kein Papst, hier catchen keine Nonnen

Herr Heck, Herr Vinayak und die Sache mit dem Journalismus . . 85

Altes Eisen macht Musik

*Eine Rentnerband, ein Stehgeiger mit optimaler Zahnstellung und
ein Schlagzeuger ohne Noten: das Salonorchester Albstadt* 99

Flüchtige Begegnung (3) 114

Von der Beschaffenheit eines Dichters

Kein ich, ein man – Walle Sayer: der Poet vom Land 115

Flüchtige Begegnung (4) 130

Flagge auf halb zwölf und Haxenfest mit Dixie

*Camping im Herbst, ein Campingplatzbesitzer mit Visionen und
die beschränkte Freiheit der Kleinbürger* 131

Flüchtige Begegnung (5) 146

Die Wiege und der Laufstall des deutschen Autorenkinos

*Adrian Kutter, der cineastische Geburtshelfer, seine Biberacher
Filmfestspiele und die vollen Hosen von Peter Handke* 147

Ein faszinierender Hauch von fast Nichts

*Nina von C. – wie aus einer kleinen Textilfirma eine
bedeutende Marke wurde* 165

Flüchtige Begegnung (6) 182

Ein Stück vom Speer, den Vorderfüßen und dem Schwanz

Oder: Das Geheimnis um die mysteriöse Kunigunde 185

Das Wunder von Balingen und der Kunst-Messias
von Dettingen

Picasso, Monet, Klingler und Doschka: wie die Moderne nach
Balingen kam und ein Märchengarten nach Dettingen   195

Flüchtige Begegnung (7)   210

Einmal auf der anderen Seite, dem Verbrechen
auf der Spur

Von zweien die auszogen, um wieder nach Hause zu kommen . .   213

Flüchtige Begegnung (8)   227

Eine Art Epilog:
Camping alone als interessanter Selbstversuch

Oder: Schwein gehabt ... kein Hund, eine Sau, was für ein Leben   229

Flüchtige Begegnung (9)   235

Dank, Textnachweis   237

Eine Art Prolog:
Die Anwesenheit von Stille

Es ist die Stille. Die Anwesenheit von Stille.
Im Wohnmobil. Die Stille, die Ruhe, das akustische
Nichts raubt mir den Schlaf. Seit zwei Nächten.
Seit ich in diesem Wohnmobil wohne.

Zwei, drei Unterschiede zwischen
Stadt und Land, Provinz und Metropole

Es ist nicht das Bett. Es ist auch nicht das Wohnmobil. Obgleich das Bett im Wohnmobil knarzt. Immer wenn ich mich von links nach rechts drehe, knarzt es. Von rechts nach links auch. Wobei es von rechts nach links anders knarzt, als von links nach rechts. Es knarzt weniger, aber es knarzt. Wie die kleine Schranktür eines Buffets mit Butzenglaseinfassung vielleicht. Von links nach rechts wie eine Schranktür. Von rechts nach links wie ein Schaukelstuhl, auf dem ein schwergewichtiger Mann mittleren Alters sitzt. Oder ein alter Dielenfußboden, über den eine schlanke Frau barfuß und im Nachthemd auf und ab geht.

Aber es ist nicht das Bett. Es ist auch nicht der doch sehr begrenzte Raum im Wohnmobil von, sagen wir mal, vielleicht 8 Quadratmetern. Bei 80 oder 800 wäre es vermutlich nicht anders. Es ist auch nicht der Abstand vom Bett zur Wohnmobildecke. Ich habe das Gefühl, wenn ich den Arm ausstrecke, die Decke mit den Fingerspitzen berühren zu können. Wenn ich zu Hause im Bett liege und zur Decke starre, habe ich dagegen den Eindruck, zwischen mir und der Zimmerdecke liege eine unüberwindbare Dunkelheit, ein schwarzes, grenzenloses Universum. Obgleich es in meiner Altbauwohnung viel heller ist als hier im Wohnmobil, kann ich zu Hause im Bett liegend die Zimmerdecke nicht erkennen. Aber auch das ist es nicht, was mich am Einschlafen hindert.

Es ist die Stille. Die Anwesenheit von Stille. Im Wohnmobil. Die Stille, die Ruhe, das akustische Nichts raubt mir den Schlaf. Seit zwei Nächten. Seit ich in diesem Wohnmobil wohne. Vermutlich hat es in erster Linie etwas mit Gewohnheit zu tun. Ich habe mich aller Wahrscheinlichkeit nach noch nicht daran gewöhnt. An das Wohnmobil. An die Nächte im Wohnmobil. Und die Stille. Ich hoffe, dass es sich nach 20 Nächten etwas legt und ich die Stille mit einem herzlichen „Gute Nacht!" begrüßen kann. Ich hoffe, dass ich am Ende meiner Zeit im Wohnmobil so tief und fest schlafe wie zu Hause. Derzeit ist jedoch von dieser verlockenden Aussicht leider nichts zu sehen respektive zu hören. Es sind die Stille oder die abwesenden Geräusche, die mich am Einschlafen hindern. Obgleich das wiederum weniger mit dem Wohnmobil, als vielmehr mit der Umgebung, in der das Wohnmobil von mir in der Nacht abgestellt worden ist, zu tun hat. Höchstwahrscheinlich. Es ist die Ruhe in der Nacht auf der Südwestalb, der Zollernalb, die mich kein Auge schließen lässt. Es ist so ruhig, dass ich nichts außer meinem Herzschlag höre und dem Atem, der gleichmäßig und mit einem leisen Pfeifen kommt und geht. Und kommt und geht. Es ist eine pietistische Ruhe, scheint mir, fest verankert in dieser Landschaft und seit Luther als mystisches Element der Frömmigkeit nicht mehr wegzudenken. Es ist eine Andachtsstille, eine Gebetsstille in der, die Gegenwart für Momente ausgeschlossen, der Geist sich „in den stillen Winkel" zurückzieht und mit dem Reformator den Psalm 35,20 memoriert: „Vnd suchen falsche Sachen widder die stillen jm Lande".

Die Stille scheint nach zwei Tagen der augenfälligste und eindeutige Unterschied zwischen einem Wohnmobil und einer Altbauwohnung zu sein, der mir ein- und auffällt, auch zwischen einer Metropole und der Provinz, zwischen einer

Groß- und einer Kleinstadt, zwischen Albstadt und der Hauptstadt. Die Stille und der abwesende Lärm in der Nacht machen den wesentlichen Unterschied aus. Bei mir zu Hause in Berlin im Stadtteil Prenzlauer Berg geht in der Nacht die Post ab. Wobei das keineswegs an mir liegt. Man sagt mir nach, dass ich doch eher ein ruhiger Zeitgenosse wäre, kaum an Trubel interessiert. Schon gar nicht in der Nacht. Es liegt an Berlin, am Prenzlauer Berg, an der Nachbarschaft.

Ich begebe mich zu Hause in meiner Altbauwohnung in der Regel zwischen zwölf und zwei Uhr nachts zu Bett, drehe mich einmal von links nach rechts und wieder zurück (ohne dass das Bett knarzt) und schlafe dann meistens sofort ein, während im Hinterhof und in den angrenzenden Häusern der Tag noch lange und auch im Traum nicht daran denkt, der Nacht zu weichen. Und mit ihm auch nicht die Bewohner. In fast allen Fenstern brennt noch Licht, sendet der Fernsehapparat flackernden Schein in die Wohnstube oder spielt die Stereoanlage über die Zimmerlautstärke hinaus vor sich hin. Vom Frühjahr an bis kurz vor dem Winter sind alle Fenster meist sperrangelweit geöffnet und übertragen das, was sich in den Wohnungen abspielt, nach draußen in den Hinterhof – und zu mir.

Eine Frau, der Stimme nach schon älter, fängt kurz nach Mitternacht an zu schreien. Zuerst leise, dann immer lauter und zuletzt klingt es so wie damals, als meine Tochter zur Welt gekommen ist. Ich denke, im Nachbarhaus irgendwo schräg gegenüber wird gebärt, eine Hausgeburt vielleicht, wozu sich mittlerweile immer mehr Eltern entscheiden, und das kann dauern. Ich wünsche der Mutter und dem Kind im Bett auf der Seite liegend in Gedanken alles Gute und schlafe ein, während sie nach wie vor schreit, als ob ihr alle Extremitäten nacheinander vom Leib getrennt werden würden.

Zwei Tage später schreit sie wieder. Die gebärt erneut, denke ich schläfrig im Bett liegend, grinse und weiß, dass das nicht sein kann. Also vermutlich doch kein Kind, sondern mutmaßlich eheliche Marter, da sich die Schreie eindeutig nach starken Schmerzen anhören. Oder vielleicht doch Laute aus der Abteilung Lust? Schmerzen, die auf ganz ausgefallene Sexualpraktiken schließen lassen? In Gedanken gehe ich einige mir nur peripher bekannte Perversitäten durch und versuche sie mit den Schreien aus dem Nachbarhaus in Einklang zu bringen, bis plötzlich noch lauter und in böswilliger Intonation eines Mannes „Ruhe oder Polizei!" durch den Hinterhof schallt. Es ist Herr Engel, ein 80-jähriger, freundlicher Herr mit grauem Schnurrbart, der unter mir wohnt und die Schmerzensschreie, so wie es sich anhört, ebenfalls eher der Lust zuordnet, von dieser Lust aber nichts wissen oder besser hören will. Ihm raubt, wie es scheint, diese fremde über den Hinterhof hinweg gebrüllte Empfindung offenbar den Schlaf. Mir nicht. Ich bin bereits im Prädormitium – der Übergangsphase vom Wachzustand in den Schlafzustand – während ein Mann zum wiederholten Male Bob Marleys *No women no cry* auflegt und mit seinem gestörten Verhältnis zum anderen Geschlecht den Hinterhof beschallt, wo ein anderer Mieter der angrenzenden Häuser glaubt, mitten in der Nacht seine leeren Flaschen entsorgen zu müssen. Während die Flaschen donnernd im Container landen, bin ich mit einem Schmunzeln auf den Lippen bei dem Geräusch des splitternden Glases bereits eingeschlafen.

Zwischen Albstadt und Burladingen, an der Ortsausfahrt von Neuweiler in der Nähe des Storren an der B63 schreit niemand. Flaschen klirren auch nicht und keiner ist gewillt, sein gestörtes Verhältnis zum anderen Geschlecht bereitwillig für jedermann akustisch kund zu tun. Es ist nichts zu hören. Nicht im Wohnmobil und auch nicht darum herum. Es ist ruhig auf dem Land – weit und breit kein Laut. Was dem Albstädter und Burladinger, dem Neuweilerer und Hermansdorfer, was dem Bewohner der Zollernalb im Südwesten dieser Republik einen geruhsamen Schlaf beschert, raubt mir denselbigen. Es ist so ruhig, dass ich nicht einschlafen kann. Die Transmitter, die für die gesteigerte Aufmerksamkeit zuständig sind und bei Dunkelheit normalerweise abnehmen und dadurch die Schlafeinleitung ankurbeln, nehmen bei mir zu. Mein Hypothalamus, verantwortlich für die Produktion der Transmitter, spielt verrückt. Er braucht nicht, wie gewöhnlich bei anderen Menschen, Ruhe, sondern Lärm, viel Lärm, damit ich schlafen kann. Das Schicksal eines Großstadtmenschen, denke ich, liege wach und beginne mir in purer Verzweiflung Geräusche vorzustellen. Das Geräusch eines landenden Düsenjets zum Beispiel. Und weiß: An der B 63 zwischen Albstadt und Burladingen, nahe der Ortsdurchfahrt Neuweiler in der Nähe des Storren, gibt es zwar einen Flugplatz, auf dem aber nie und nimmer Düsenjets landen. Folge: nichts mit dem dazugehörigen Lärm. Dann eben das Gebrumm eines Rasenmähers, denke ich, nach wie vor hellwach. Und weiß: Alle Rasenmäher in Albstadt, Burladingen, Neuweiler, Hermannsdorf und alle anderen auf der Zollernalb stehen schweigend in der Garage, weil jeder Rasenmäherbesitzer aus Albstadt, Burladingen und der Zollernalb schlafend, und womöglich von einem frisch gemähten Rasen träumend, längst in seinem Bett liegt. Gut für die Rasenmäherbesitzer, schlecht für mich.

Es hilft nichts. Mein Gehirn lässt sich nicht hinters Licht führen und die Schlafeinleitung gedanklich nicht beeinflussen. Ich könnte mir die Geräusche nicht nur ausdenken und einbilden, sondern sie auch erzeugen, denke ich. Und dann: Wie erzeugt man ein Düsenjetgeräusch?

Ich könnte eine CD mit Alltagsgeräuschen in das Abspielgerät legen. Mittlerweile gibt es so etwas tatsächlich. Extra für Singles und andere Einsame wurde eine CD mit Geräuschen entwickelt, die dem Zuhörenden suggerieren soll, dass er nicht alleine ist. Haarefönen, Zeitunglesen, Cappuccinoschlürfen, Abwasch- und Klogeräusche sind auf der Scheibe zu hören – die sinnigerweise *Nie mehr allein* heißt und 7,99 Euro kostet – und doch nicht hilft. Zumindest nicht bei mir. Denn was ist das künstliche Geräusch eines Eierkochers gegen das reale Zerscheppern von Flaschen in einem Container? Was das aufgenommene Surren eines Staubsaugers gegen die leibhaftigen Schreie einer Frau – ob sie nun gebärt oder nicht? Das eine lässt mich einschlafen, das andere nicht zur Ruhe kommen.

Ich könnte versuchen selbst zu schreien, fällt mir ein – solange bis ich einschlafe. Oder ich könnte reden, mit mir selber. Ich könnte mich selbst in den Schlaf reden. Was sich in der Theorie gut anhört, ist in der Praxis wirkungslos. Ich rede und rede, erzähle mir die langweiligsten Geschichten, rezitiere Gedichte: „Über allen Gipfel ist Ruh, in allen Wipfeln spürest du, kaum einen Hauch; die Vögelein schweigen im Walde, warte nur balde, ruhest du auch" – denkste! Ich schlafe trotzdem nicht ein. Lesen! Lesen hilft, sagt man. Ich lese und lese, aber anstelle dass mir die Augen zufallen, stehen sie wie mit Zündhölzern zwischen den Lidern offen.

Ich werde einfach nicht müde. Leicht hypochondrisch veranlagt, taste ich mich gedanklich an allerhand Krankheiten, die auf extremen Schlafentzug verweisen, heran. Und werde dabei nicht nur fündig, sondern auch immer wacher. Ratten, die zu Forschungszwecken gewaltsam am Schlaf gehindert wurden, starben schließlich. Mitte der 60er Jahre stellte ein amerikanischer Schüler einen Weltrekord auf, indem er 264 Stunden nicht schlief. Ich bin jetzt mittlerweile 42,5 Stunden wach. Aus einer experimentellen Schlafentzugsstudie weiß man, dass nach 24 Stunden Schlafentzug die Versuchspersonen zunehmend reizbarer werden. Nach 65 Stunden begann eine Frau beim Waschen auf dem Gesicht und den Armen Spinnweben zu sehen, die natürlich real gar nicht vorhanden waren, und versuchte diese verzweifelt zu entfernen. Eine andere Frau beschwerte sich, dass ihr Hut zu eng sei und an der Kopfseite drücke, obgleich sie gar keinen Hut trug.

Ich trage auch keinen und bin noch immer wach.

Schlaf-Apnoe ist eine Krankheit, unter der meistens übergewichtige Männer im mittleren Lebensalter leiden. Ich bin im mittleren Alter – aber nicht übergewichtig. Gott sei Dank. Schätzungsweise jeder vierte bis zehnte Mann ist von der Schlaf-Apnoe betroffen. Es wird angenommen, dass aufgrund des verringerten Muskeltonus und des Übergewichts die Atemwege während des Schlafens komprimiert werden. Das kann bei mir schon deswegen nicht zutreffen, da ich erst gar nicht einschlafe, denke ich, und bin das erste Mal darüber auch ein wenig erleichtert. Aber nur kurzzeitig. Denn die letale familiäre Insomnie kommt mir jetzt in den Sinn – auch eine Krankheit. Eine, die sogar tödlich ist und bei der die Betroffenen nicht fähig sind zu schlafen. Es handelt sich bei dieser Erkrankung um eine äußerst seltene familiär vererbte Krankheit. Verantwortlich hierfür ist ein mutiertes heimtückisches Prionenprotein-Gen. Die meisten Patienten erkranken zwischen dem 40. und 60. Lebensjahr. Im Vordergrund steht eine schwere Störung des Schlaf-Wach-Rhythmus der Patienten, soll heißen, sie leiden unter schweren Schlafstörungen. Es wird daher angenommen, dass sich die krankhaften Veränderungen speziell im Stammhirn abspielen, das, als entwicklungsgeschichtlich alter Teil des Gehirns, den Aktivitätsrhythmus steuert. Die Erkrankung verläuft über sieben bis achtzehn Monate und endet immer tödlich.

Bei diesen Gedanken beschleunigt sich mein Herzschlag und der gleichmäßige Atem ist gar nicht mehr so gleichmäßig. Zwei Tage von 18 Monaten, denke ich – und dann an meine Freundin. Oder besser, an ihren Hund. Ich könnte mir den Hund meiner Freundin ausleihen. Der Hund meiner Freundin kommt aus Rumänien. Es ist ein frühreifer Straßenköter, der in Rumänien im Müll gewühlt hat, bevor ihn engagierte Tierschützer aus seinem Elend befreiten und nach Deutschland verschleppten. Zu meiner Freundin. Da frisst er nun die besten Sachen aus dem Kühlschrank und schnarcht in der Nacht. „Und dann redet er manchmal im Schlaf", sagt meine Freundin – was sie offenbar am Schlaf hindert und mir wiederum höchstwahrscheinlich das Schlafen erleichtern würde. Was der Hund im Schlaf sagt, verrät sie mir nicht. Es ist ein kluger Hund, gewiss. Der klügste, den ich kenne. Er spielt gerne mit Fröschen, kann zwinkern und wenn meine Freundin „Peng!" macht, fällt er um und tut so, als wäre er tot. Aber nur, wenn er danach irgendetwas, was offenbar sehr lecker schmeckt, aus ihrer Handtasche bekommt.

Mit dem Hund an meiner Seite könnte ich bestimmt schlafen, ob mit oder ohne mutiertes Prionenprotein-Gen. Der einzige Nachteil: Sobald der Hund wach wäre, hätte ich ihn am Hals. Und wer will schon von einem frühreifen rumänischen Straßenköter – auch wenn er noch so klug ist, oder gerade deswegen – den ganzen Tag auf Trapp gehalten werden? Ich nicht.

Also verzichte ich auf den Hund der Freundin und ohne ihn auf Schlaf und hoffe, dass ich mich mit der Zeit an die zollernälblerische Stille gewöhne, wie an das knarzende Bett.

Mit dieser Hoffnung und dem Gedanken daran muss ich irgendwann eingeschlafen sein. Zumindest ertappte ich mich dabei, dass ich durch das aggressive Zwitschern eines Vogels – es dürfte Amsel, Drossel, Fink oder Star gewesen sein – am nächsten Morgen, neben dem Bett liegend, vor mehreren voll gekritzelten Seiten aufgewacht bin.

Dem Himmel ganz nah
und doch nicht aus der Welt

Seit wir Papst sind, geht es den Kalvarienberg aufwärts.
Der Glaube hat plötzlich, man reibt sich heidnisch die
Augen, tatsächlich wieder Hochkonjunktur. Ratzinger
sei Dank. Papst ist Pop(star) und der Weltjugendtag 2005
in Köln, ein nationales Glaubensbekenntnis.

Über Gott und die Welt im Kloster, Beuron, Habsthal und die Frage: Gibt es ein Leben vor dem Tod?

Als ich noch klein, pausbäckig und Ministrant war, erschienen die kalten Kirchenbänke, zwischen denen ich das Weihrauchfass wie einen nassen Sack vor mir herschlenkerte, noch voll besetzt. Das war Anfang der 70er Jahre, kurz vor dem ‚heißen Herbst‘, in einem Dorf im Ostalbschwäbischen. Viele Jahre später, so wird mir berichtet, sind die Ministranten längst auch Mädchen, Weihrauchfässer werden noch immer geschlenkert und die Kirche ist zwar noch immer kalt, aber meistens leer. Zumindest bis vor kurzem. Was sich damals noch nicht erahnen ließ, hat sich über die Jahrzehnte hinweg fortgesetzt: Schwund der Gläubigen. Abnahme der Frommen. Einbuße an Kirchgängern. Die Atheisten, Nihilisten und die gottlosen Geschöpfe bekamen allerorts Oberwasser, bis, ja, bis Petrus, oder besser sein Stellvertreter auf Erden, auf diesem Oberwasser seelenruhig dahin schritt, als wäre er Gottes Sohn höchst persönlich, welcher, auf dem Wasser wandelnd, einer Fata Morgana gleich, den Fingerzeig des Allmächtigen für alle Ungläubigen erhebt, um damit sagen zu wollen: Kehret um und werdet gottesfürchtig! Seit wir Papst sind, geht es den Kalvarienberg aufwärts. Der Glaube hat plötzlich, man reibt sich heidnisch die Augen, tatsächlich wieder Hochkonjunktur. Ratzinger sei Dank. Papst ist Pop(star) und der Weltjugendtag 2005 in Köln, ein nationales Glaubensbekenntnis. Aber auch in den sündhaften Großstädten, wo das Leben und die armen Seelen meist ruchlos der Lust und dem Laster verfallen sind und Gott, wenn überhaupt, ein Kaltmixgetränk, gerührt oder geschüttelt, auf Eis ist, kehrt wieder Versonnenheit, Frömmigkeit und Spiritualität ein. Wen wundert's? Oder sind das vielleicht nur die immergleichen, in allzeit bekannten Rhythmen sich ständig verändernden Zyklen: in–out, Top oder Flop? Oder hat Gott Konjunktur, weil der Mensch am Menschen und am Allzumenschlichen langsam aber stetig zerbricht?

Apropos Gott: Gott war schon alles. *Bei Gott ist kein Ding unmöglich* (Lukas 1,37). *Gott war DJ*, wenn man Falk Richter glauben darf. *Gott ist schön*, wie Navid Kermani auf einem Buchdeckel verkündet. Allmächtig. Dann, laut Nietzsche, auch mal tot. Nicht da, wenn man ihn braucht (kennt jeder). Und schließlich: *Gott ist uns nah*, wie ein Ratzinger-Buchtitel verheißt. Dann wieder *eine faustgrobe Antwort, eine Undelikatesse gegen uns Denker*, laut Nietzsche. Bevor auch der tot ist, laut Gott, laut Volksmund. Laut arabischer Spruchweisheit blickt das Huhn, wenn es getrunken hat, auf seinen Gott. Und der scheint jetzt, plötzlich, wider erwarten und allen irrgläubigen Unkenrufen zum Trotz, auch bei den Menschen ganz und gar *in* zu sein. Kaum zu glauben. Aufschwung Jesu. Glaube als Trend. Es ist hip geworden religiös zu sein. Laut der jüngsten Umfrage der *Bertelsmann Stiftung* bezeichnen sich zwei Drittel der Deutschen als religiös. Halleluja! Ein neues gottgefälliges Wir-Gefühl macht sich also breit, das sagen will: Auch wir gehören dazu! Auch wir sind Teil des selig machenden Heils.

Alles nur schnöde Theorie, könnte der ungläubig Zweifelnde denken, wäre da nicht die atemberaubende, gottesfürchtige Praxis. Und die sieht so aus: *Brunch mit Gott im Stadtteil Prenzlauer Berg* in Berlin – wie dem dortigen Kirchenblatt zu entnehmen ist. Ein Stadtteil in dem es glaubensmäßig aufwärts geht. Viele Taufen, volle Andachten und

noch mehr Kircheneintritte, so dass sogar die dort tätigen
Diener Gottes aus dem Staunen nicht mehr herauskommen
und am liebsten an ein Wunder glauben würden. Von 3100
katholischen Kirchenmitgliedern im Jahre 2003 der Kir-
chengemeinde Herz-Jesu und St. Adalbert zum Beispiel, auf
8500 im Jahre 2007 stieg die Zahl an, wie weiland das Wasser
zu Noahs Zeiten, als wäre die Katholische Kirche, zumindest in Berlin-Prenzlauer Berg, die letzte Insel der Glück-
seligglaubenden. Und dennoch scheint der gelebte und prak-
tizierte Glaube, mit sonntäglichem Gottesdienst, Kirchen-
café, Taufe, Tischgebet, Eltern-Kleinkinder-Singstunde,
Weihwasserkelch und Kreuz überm Esstisch, dann doch
eher die normal verträgliche Light-Variante des Glaubens
und Zeugnis der Religionszugehörigkeit zu sein. Oder:
Hardcore ist anders. Hardcore ist da, wo es über das Gebets-
Händefalten und den Lobet-den-Herrn-Gesang hinausgeht.
Wo das Leben sich nach dem Glauben richtet und nicht um-
gekehrt. Wo es nach einem anstrengenden zehn Stunden
Glaubenstag keinen Feierabend vom Glauben gibt und die
Religion auch dann noch da ist, wenn das Licht ausgeht,
während die Hände gefaltet über der Bettdecke ruhen: im
Kloster. Die radikalste Form sich dem Leben für und mit
Gott zu widmen ist: das Kloster.

Das Kloster Habsthal, südöstlich von Sigmaringen, am
Rande des Ostrachtals, in der Nähe der Ortschaft Ostrach
und genau 582 Kilometer von Berlin-Prenzlauer Berg entfernt, ist einer dieser Orte, in dem Gott zu Hause zu sein
scheint – und mit ihm 30 Schafe, ein Spiritual und fünf Nonnen. Eine davon ist Schwester Kornelia. Sie gehört dem Benediktinerorden an, der wiederum das Kloster Habsthal, das
im 13. Jahrhundert von den Dominikanern erbaut worden

ist, in seinem Besitz hält. Ab 1841 wurde das Kloster abwechselnd als Lehrerbildungsstätte, Waiseninstitut und Besserungsanstalt genutzt. 1891 kauften die Benediktinerinnen aus Hermetschwil, im schweizerischen Kanton Aargau, das Kloster und retteten es so vor dem geplanten Abriss. Seit 1986 ist das Kloster ein eigenständiges Konventualpriorat und liegt, abseits der Hauptverkehrsstraßen und ziemlich versteckt, inmitten einer prächtigen Natur, als wollte es mit der Welt um sich herum nicht viel zu tun haben – so könnte man beim Anblick des, für ein Kloster eher unscheinbaren, zurückgezogenen Gebäudes mit den dicken Mauern denken. (Was sich nicht viel später als erster, eklatanter Trugschluss herausstellen sollte.) Seit 14 Jahren ist die 42-jährige Schwester Kornelia mittlerweile im Kloster in Habsthal und dabei mit Abstand die jüngste der hier betenden und arbeitenden Nonnen. „Es haben hier mal 66 Schwestern gewohnt", sagt Schwester Kornelia aufrecht mir gegenübersitzend in ihrem schwarzen Ordensgewand, dem Habit, mit dem Schleier auf dem Kopf. Das muss in der Zeit zwischen dem Ersten und Zweiten Weltkrieg gewesen sein. Seit den 60er Jahren ging die Zahl der Nonnen kontinuierlich zurück. Momentan sieht es ganz schlecht aus, aber nicht nur in Habsthal, sondern in ganz Westeuropa, wo in den Klöstern der Benediktinerinnen fast niemand mehr im Noviziat ist. Den anderen Orden geht es, wie Schwester Kornelia bestätigt, auch nicht viel besser. Also hat sich der Papst-Boom nicht auf die Klöster übertragen. Nichts mit: Wir sind Papst und gehen alle ins Kloster. Eher das Gegenteil. Manche Klöster haben, laut Schwester Kornelia, sogar schon zumachen müssen. Worüber sich die Schwester gar nicht wundert, weil sie zu wissen scheint, woran dieser Schwund über die Jahrzehnte hinweg festzumachen ist. „Zum einen haben sich die Leute mit der

Zeit anders orientiert, der Glaube ist versandet, Wohlstand ist aufgekommen. Gott war für die Leute nicht mehr so von Bedeutung", sagt sie, mit der Gelassenheit und Gewissheit einer Frau, für die, nicht nur linguistisch betrachtet, Bedeutung gleich lautend mit Gott ist, während sie ab und zu mit dem Zeigefinger zärtlich über den Holztisch streicht, als sei sie geringfügigen Unebenheiten der Holzmaserung auf der Spur. Oder will vielmehr den Kontakt zum greifbar Irdischen keinesfalls verlieren. „Dann haben sich die Frauen auch anders orientiert", fügt sie mit ihrer schwingend hellen, wohlklingenden Stimme hinzu. „Sie haben im Berufsleben mehr Chancen gehabt, die Emanzipation entstand. Früher sind die Frauen auch ins Kloster, weil es für sie eine soziale Aufstiegschance war – vor allem in den karitativ tätigen Orden." Wieder schmeichelt sie dem Tisch und rückt schließlich mit dem letzten und überzeugendsten Argument heraus: „Und dann gibt es einfach weniger Kinder. Das ist der Hauptgrund. Prozentual gesehen gibt es immer noch gleich viele Berufungen, im Verhältnis zur Anzahl der Kinder, wie früher. Früher haben Paare zehn Kinder gehabt und noch mehr, heute manchmal gar keins." Sie lacht. Es klingt wie das schüchterne Lachen eines jungen Mädchens auf dem Schulhof oder nach einem Punktgewinn beim Volleyballspiel, frisch, zart, und auch ein wenig unschuldig.

Schwester Kornelia selbst kommt aus einer kinderreichen, aber „ansonsten ganz normalen" Familie, wie sie sagt, aus dem Nordschwarzwald, die nach Südbaden umgezogen ist und in welcher der Kirchgang zwar obligatorisch war, in der aber nicht unbedingt ein positives Klosterbild vermittelt wurde. „Ich bin von meinen Eltern her nicht in diese Richtung gedrängt worden", sagt sie. „Ich habe auch Geschwister, die mit Kirche gar nichts am Hut haben." Das erste Mal wurde sie mit dem Gedanken von einem Leben im Kloster während des Studiums der Sonderpädagogik in Würzburg konfrontiert. Zu dieser Zeit wohnte sie in einem Zimmer in der Nähe des Benediktiner-Kollegs und lernte, da die Benediktiner im Stadtbild Würzburgs sehr präsent sind, auch immer wieder Ordensleute kennen. Als ihre beste Freundin schließlich auf die Idee kam, selbst ins Kloster zu gehen, versuchte sie zu intervenieren. „Mit der hab ich dann noch rumdiskutiert, wie heute noch jemand ins Kloster gehen könne", sagt Schwester Kornelia und lacht wieder, sich im Nachhinein der Ausweglosigkeit wohl bewusst, der der Freundin, als auch der eigenen. „Sie ist inzwischen raus und ich bin noch drin." Wieder lacht sie dieses sympathische, mädchenhafte Lachen. Nicht viel später hat auch sie gemerkt, dass ihr Weg in dieselbe Richtung führt. „Ich habe mich anfangs immer dagegen gewehrt, ins Kloster zu gehen. Aber es hat keinen Sinn. Wenn es Berufung ist, dann ist es so und dann ist das auch der Weg, auf dem man glücklich wird." Klingt einleuchtend, wenn auch nicht ganz überzeugend. Noch weniger plausibel klingt dagegen, wie es zu spüren sein soll, dass man berufen ist. Für Schwester Kornelia scheinen diese Fragen eindeutig die eines Unberufenen zu sein. Sie schmunzelt wissend und bemüht sich, das Unbeschreibliche für den ungläubig Zweifelnden in Worte zu fassen. „Es wird einem ins Herz gelegt, von oben her, man wird gezogen und gedrängt", sagt sie und lacht wieder, als wäre jetzt nicht nur ein Punkt, sondern der ganze Satz im Volleyballspiel gewonnen. „Ich denke, wenn man zurückschaut, dann sieht man einen roten Faden, der zeigt, dass es in diese Richtung geht." Und mir fallen dabei Joseph Beuys und sein *Erklären Sie mal einem toten Hasen ein Bild* ein. Schwester Kornelia entschied sich dann nicht nur für das Kloster, sondern auch für den Benediktinerorden. Und für Habsthal. „Die Profess wird aufs Haus abgelegt", sagt sie, „das ist was typisch Benediktinisches." Die Benediktiner sind ganz unabhängig und autonom. Jedes Haus gehört zu einer Kongregation, das in Habsthal zur Schweizer Förderation, und alle zusammen gehören dem Orden der Benediktiner an und sind an und für sich finanziell und in jeder Richtung eigenständig. Die Benediktinerinnen in Habsthal haben lediglich von kirchenrechtlicher Seite einen Abt über sich, den Ordinarius, der in Bozen sitzt und die fünf Nonnen hin und wieder in Habsthal besucht. „Wir binden uns an einen Ort", sagt Schwester Kornelia und weiß, dass dieser hier was ganz besonderes ist. „Das Haus hat einen guten Geist, man merkt, dass hier über Jahrhunderte hinweg gebetet worden ist. Der hängt in der Luft." Beide gucken wir nach oben, wie die Hühner nachdem sie getrunken haben und lachen. „Das Kloster hat 'ne gute Atmosphäre und man spürt, da ist ein Frieden drin und was Wohltuendes." Das kann ich bestätigen, wobei ich mir nicht ganz sicher bin, ob es der gute Geist in der Luft ist oder Schwester Kornelia mir gegenüber. Vermutlich beides. Oder ist die Schwester vielleicht der gute Geist und ich nur heiße Luft, die friedlich, aber völlig unwissend in der Atmosphäre herumhängt? Gedankenspiele eines spirituell Überforderten. Das scheint der Schwester auch aufzufallen. Jetzt streichelt sie nicht mehr den Tisch. Das profan Irdische scheint nicht mehr aus Holz zu sein, sondern sitzt ihr gegenüber und ist aus Fleisch und Blut. „Die benediktinische Spiritualität hat mir einfach zugesagt", erklärt Schwester Kornelia. „Die ist sehr menschlich und sehr maßvoll. Der Benedikt spricht immer von der *discretio*, das ist für ihn die Gabe der Unterscheidung, des Maßhaltens. Er ist ein ganz großer Pädagoge und Menschenkenner gewesen und seine Regel ist einfach so ausgewogen und menschlich. Er übertreibt nichts und trotzdem hat er eine Linie, eine Gradlinigkeit." Und Schwester Kornelia scheint dieselbige zu haben. Auch wenn sie nicht redet. „Schweigen gehört auch zu unserer Lebensweise", sagt sie. „Aber was nötig ist, reden wir auch." Und was nicht unbedingt notwendig ist ebenso. Zum Beispiel abends, nach dem Essen, sitzen die Nonnen oft noch zusammen und reden oder spielen Karten, Brettspiele oder dergleichen miteinander. Oder gucken Fernsehen. „Video gibt es auch", sagt Schwester Kornelia, während ihr mein Erstaunen nicht erspart bleibt. Und Internet? Sie nickt und lacht wieder. „Ja, ja, so hinterm Mond sind wir nicht im Kloster", sagt sie und scheint sich an meiner Verwunderung zu erfreuen. „Hier passiert das, was draußen auch passiert. Das einzige ist, dass wir unsere festen Gebetszeiten haben und dass wir uns einfach spezieller auf Gott ausrichten und uns die Zeit nehmen. Ansonsten haben wir ein ganz normales Leben." Also nichts mehr mit spirituellen Luftnummern, denke ich, sondern bodenständige Gewissheiten, und Schwester Kornelia scheint dies bestätigen zu wollen: „Also, ich bin noch nie so im Leben gestanden, wie jetzt hier im Kloster."

Und das muss sie auch. Denn schon um 5.30 Uhr geht das Leben frühmorgens im Kloster los. Um 6 Uhr findet das erste halbstündige Chorgebet, bei dem Psalmen gesungen werden, in der Klosterkapelle statt. Anschließend hält jede der Schwestern für sich eine halbe Stunde *Stillezeit* ein, für Meditation oder geistliche Lesung. Um 7 Uhr wird dann Eucharistiefeier und ‚Laudes' gefeiert, anschließend ist das Frühstück und dann geht es, dem benediktinischen Grundsatz „Ora et labora" folgend, an die Arbeit. Für Schwester Kornelia bedeutet das: Hausarbeit, Gartenarbeit und allerhand organisatorische Arbeit. Unterbrochen durch die Mittagshore und die dazugehörige *Stillezeit*. Abendessen ist dann um 18.00 Uhr, um 19.30 findet das letzte Gebet statt und danach ist Nachtruhe. „Ich persönlich gehe zwischen zehn und halb elf ins Bett." Bis dahin schmeißt Schwester Kornelia, auch dadurch bedingt, dass sie die Jüngste hier im Kloster ist, den Laden. „Ich bin eigentlich Mädchen für alles", sagt sie wie selbstverständlich. „Ich hab hier soviel zu tun, dass es mir noch nie langweilig war." Neben den alltäglichen klösterlichen Aufgaben kümmert sie sich auch noch um die Gäste des Klosters, Frauen die in der Regel zwischen drei und sieben Tage hier im Kloster Habsthal verweilen. Meistens sind es Frauen zwischen 40 und 60 Jahren, mit Problemen und in Krisensituationen, die dann am Tagesablauf der Nonnen teilhaben, zum Teil mithelfen, die *Stillezeiten* einhalten und im Gespräch mit Schwester Kornelia versuchen, ihren Problemen auf den Grund zu gehen. Für den Gastaufenthalt bitten die Schwestern um eine Spende. „Andere Klöster verlangen zwischen 30 und 60 Euro am Tag", sagt Schwester Kornelia und ergänzt, dass von diesen Geldern das Kloster natürlich nicht existieren könne: „Wir leben von den Reserven, was die Schwestern früher angespart haben." Manche der Besucherinnen bleiben dann auch länger als gedacht. Manchmal suchen sie auch gar keine Hilfe, sondern einfach nur Stille, wollen abschalten vom Stress und der Hektik in ihrer doch so ganz anderen Alltags- und Arbeitswelt. Oder kommen aus Neugierde, „weil es ein wenig modern geworden ist", wie Schwester Kornelia vermutet. „Aber selbst die nehmen viel mit. Auch wenn es ihren Vorstellungen nicht entsprochen hat, sind sie hinterher beeindruckt." Ganz selten kommt dann auch mal jemand, der sich ebenfalls berufen fühlt und um den Eintritt ins Kloster bittet. Darüber freut sich Schwester Kornelia dann am meisten. In 14 Jahren, seit sie hier im Kloster Habsthal ist, kam das ein einziges Mal vor. Diese Frau hielt das Noviziat aber nicht durch. Obwohl es hierfür nur ganz wenige Kriterien gibt. Eigentlich nur die zwei, die Benedikt selbst postuliert hat. Erstens, dass einer Gott sucht, und, zweitens, Eifer für das Gebet hat. Und Schwester Kornelia konkretisiert: „Man merkt es, ob es jemand ernst meint oder nur eine Kuschelecke sucht oder Karriere im Kloster machen möchte. Hier in der Stille kommt alles hoch, hier wird man erstmal mit sich selbst konfrontiert, und wenn eine nicht stabil ist und in der Krise, dann packt die das nicht." Die, die es dann doch „packen" sollten, haben aber nicht nur den, für mich als Außenstehenden anstrengend anmutenden, Klosteralltag vor sich und zu bewältigen, sondern in den ersten Jahren bis zur ewigen Profess auch allerhand Unterricht, bei dem die Novizin in der Glaubenskunde und in der Einführung in die Heilige Schrift, in der Kirchen- und Ordensgeschichte, Liturgie und Spiritualität unterrichtet wird. Anschließend bildet die Nonne sich dann in Kursen oder durch ein Studium noch weiter fort. „Ich war zwei Jahre in Rom zum Studium", sagt Schwester Kornelia. Also, nicht nur arbeiten und beten scheint die benediktinische Maxime zu sein, sondern auch ewiges Lernen. „Im Moment mache ich noch eine Ausbildung zur Logotherapeutin", sagt Schwester Kornelia, was ihr sicher bei den Problemen der Gäste und deren Bewältigung nützt und zu Hilfe kommt. „Also, da fehlt mir nichts." So ganz will ich das, obgleich es faszinierend klingt, nicht glauben. Denn, von sich selbst ausgehend und im Leben stehend weiß man, dass man immer irgendwann den

Eindruck verspürt, irgendetwas fehle. Und so wie diese Frau offenbar mit beiden Beinen fest im Leben verwurzelt scheint, ist es mir kaum verständlich, dass nichts in diesem Leben entbehrt werden müsste. Als erahne sie meine Gedanken, sagt Schwester Kornelia: „Man empfindet das, was fehlt, nicht als Entbehrung. Man kriegt so viel anderes geschenkt, auf geistiger Ebene. Das sind dann Werte, die für mich mehr wert sind, als ob ich jetzt ein eigenes Auto habe oder fünfmal in Urlaub gehe." Und dennoch, räumt sie, offenbar meine Bedenken als tiefe, vertikale Falten auf meiner Stirn erblickend, ein, dass es „auch Momente des Zweifels gibt, wie überall auch. Das ist im Beruf so, in der Ehe, es gibt immer Momente, wo man denkt, hätte ich nur nicht …, was soll das …, wo man am liebsten mal die Koffer packt." Ich gebe zu, es beruhigt, dass auch sie, wenn auch nur in Gedanken, ab und an daran denkt, die Koffer zu packen. „Aber das ist auch gut so", ergänzt sie, „da kommt man dann auch mal wieder ins Überlegen, was man tatsächlich will. Krisenzeiten sind auch immer wieder Chancen, neu anzufangen. Es wird, glaube ich, immer Zeiten geben, wo man mal im Schwanken ist", sagt sie und scheint dabei ganz gefestigt. Es wirkt alles sehr glaubhaft, was die Schwester so von sich gibt, und so, als wäre es nicht zur eigenen Rechtfertigung zurecht gelegt. Vielmehr: authentisch. Hätte sie nicht den Habit an, könnte sie auch eine ganz normale, moderne, weltliche Frau sein, die vielleicht im karitativen Bereich tätig ist oder als Hochschullehrerin für Pädagogik arbeitet, gebildet, aufgeklärt, humorvoll, tolerant und mit einem Hauch sozialistischem Gedankengut, die sich vor allem im Dienst der Gemeinschaft sieht. „Wenn die Gemeinschaft in Ordnung ist, dann hat man ja auch in der Gemeinschaft seine Beziehungen und Freundschaften", sagt sie. „Aber auch außerhalb. Ich habe noch immer meine Freunde, die habe ich nicht aufgegeben, als ich ins Kloster bin. Die familiäre Bindung an Eltern und Geschwister bleibt ja auch."

Apropos Habit. „Legen Sie den auch mal ab?" Sie lacht. „Ja, schon." Vor allem zum Gebet und bei offiziellen Veranstaltungen und repräsentativen Terminen trägt sie ihn, bei der Arbeit oder draußen weniger. Da hat sie zivile Sachen an. „Auch Jeans, ja." Den Schleier nur selten. „Gibt Nacken- und Kopfschmerzen", sagt sie und dabei fällt ihr auf, dass es vor allem bei den jüngeren Angehörigen der verschiedenen Orden einen Trend zu geben scheint. „Da gibt es wieder solche Superfrommen, die das einfordern", meint sie in Bezug auf den Habit. „Es sind vor allem junge Menschen, die ins Kloster gehen, die mit dieser pluralen Welt nicht zurecht kommen, und die brauchen wieder jemanden, der ihnen klipp und klar sagt: So geht's, das sind die Regeln und das hast du zu tun. Und die halten ganz starr an solch äußeren Sachen fest, das ist dann auch nichts Lebendiges. Das ist nicht der Glaube, der das füllt, sondern diese sture innere Unsicherheit." Und dann fügt sie hinzu: „Für mich ist das eher erschreckend." Auch die strenge Klausur, bei der die Nonnen ganz unter sich sind, wird im Kloster Habsthal undogmatisch ein wenig gelockert. Die Gäste essen, wie in anderen Klöstern üblich, nicht in separaten Räumen, sondern zusammen mit den Nonnen. „Klausur ist da, um die Schwestern zu schützen, dass eben eine gewisse Stille da ist", versucht Schwester Kornelia zu erklären. „Aber wenn jemand in seinem Herzen keine Klausur hat, dann nützt die äußere Klausur auch nichts. Für uns ist das nicht so eine Störung, dass unser ganzes geistliches Leben gleich ins Wanken gerät, wenn jemand bei uns mitisst." Und fügt hinzu: „Die müssen sich eben an unsere Regeln halten, Schweigen bei Tisch, die müssen sich daran anpassen. Bisher haben wir keine großen Schwierigkeiten gehabt."

Als ich zum Schluss unseres Gesprächs und nach der Führung durch das Kloster nach ihrer Vision frage und nach dem, wie es ihrer Meinung nach mit dem Kloster und dem Leben darin weitergehen müsste, lacht sie, als hätte sie auf die Frage schon lange gewartet. „Meine persönliche Vision wäre, dass eben hier noch mehr herkommen, dass es ein Ort wird, in dem Menschen zu sich und Gott finden. Also auch Leute, die in der Krise sind, dass die auch einen Ort finden, wo sie Hilfe bekommen. Ich denke, das ist wichtig für die Zukunft, da die Leute immer mehr Probleme haben, auch psychische Probleme." Und ganz persönlich? „Ich hoffe, dass ich im Glauben auch immer wachse." Ein letztes Mal lacht sie und fügt hinzu: „Das ist auch unser Ziel, immer mehr eins mit Gott zu werden." Schönes Ziel. Schweres Ziel.

Mein Ziel dagegen ist jetzt viel leichter und weltlicher: Beuron und das dortige Kloster, die Erzabtei St. Martin, der Wallfahrtsort. Ebenfalls ein Kloster des Benediktinerordens. Allerdings für Männer, Mönche. *Das Kloster in Beuron besteht seit über 950 Jahren, und der Orden der Benediktiner wurde vor 1500 Jahren gegründet. Trotz dieses hohen Alters gibt es in und um das Kloster ein reges Leben: Das „bete und arbeite" der Mönche, das Kommen und Gehen der Pilger und Besucher, das Treiben von Wander-, Schul- und Jugendgruppen und nicht zuletzt das aufmerksame Schauen und Lauschen der vielen geistlich und geistig Suchenden,* so lässt die Homepage des Klosters den Schauenden, Lauschenden und Suchenden wissen. Wenn man das Kloster Beuron sucht und im Donautal, von Sigmaringen kommend, flussaufwärts an der Donau entlang fährt, taucht es plötzlich linker Hand wie aus dem Nichts auf. Pompös, fast schon protzig, inmitten eines von schroff aufragenden Kalkfelsen umrandeten Talkessels. Es ist auf den ersten Blick von außen so ganz anders als das Kloster in Habsthal. Interpunktisch scheint das in Habsthal ein leicht zur Seite gekipptes Fragezeichen zu sein, das in Beuron hingegen mutet an wie fette, aufrechte, dreifache Ausrufezeichen. Auch innen, nachdem ich die Pforte überwunden habe, scheint die beiden Klöster nicht viel miteinander zu verbinden. *Ein Kloster ist ein Ort der Ruhe und Besinnung, ein Hafen des Lebens, eine Oase der Seele,* ist auf der Internetseite des Kloster Beuron zu lesen und scheint mir vielmehr für das Kloster Habsthal zuzutreffen, das gar keine Internetpräsenz besitzt. Hier im Kloster Beuron springt mir vor allem der zweite Grundpfeiler benediktinischen Lebens ins Auge. *Für Benedikt ist die Arbeit kein Gegensatz zum Gebet, sondern seine Fortsetzung in den Alltag hinein.* Und der wirkt im Kloster Beuron wie ein umtriebiges, gut organisiertes, mittelständisches Unternehmen mit nur einem Produkt, nur einem einzigen Erzeugnis am Ende der langen, vielfach verwertbaren und variablen Angebotspalette: GOTT. In allen Varianten und Variationen. Hier gibt es eine Klosterbrennerei, Klostermetzgerei, Klosterbuchhandlung, Klostergärtnerei, einen Kunstverlag, ein Hotel und ein Wasserkraftwerk, das sich im Besitz des Klosters befindet und, wie alles andere auch, verwaltet, betreut und betrieben werden will. *Jedes Benediktiner-Kloster muss sich wirtschaftlich selber tragen und finanzieren.* Manager dieses Mikrokosmos ist, sozusagen im Auftrag und im Namen des Herrn: Pater Tutilo. Seit 1986 ist der 40-jährige Pater Tutilo bei den Benediktinern: „Weil ich meine, dass Gott für mich gedacht hat, das ist der beste Platz für mich. Und ich denk's für mich auch", sagt er, in alemannischen Dialekt gehüllt, und scheint sich seiner Sache und seines Glaubens ziemlich sicher zu sein. Zweifel von der Art, die Schwester Kornelia ab und an plagen, scheinen bei Pater Tutilo auf den ersten Blick undenkbar. „Ein besonderes Erlebnis, dass dafür den Ausschlag gegeben hat, gab es nicht", sagt er. „Aber auch schon als Schüler kam mir langsam der Gedanke, so was könnte etwas für dich sein." Das schien sich dann auch später, nach Eintritt ins Kloster, für Pater Tutilo bestätigt zu haben. „Das Tolle am Klosterleben ist, dass es mir wirklich den Rahmen und den Raum schenkt für meine Gottesbeziehung, der draußen viel zu eng wäre. Ich muss natürlich auch aufpassen, dass mir mein Alltagsgeschäft diesen Raum auch nicht wieder zu eng macht." Pater Tutilo ist Priester und einer der 58 Mönche im Kloster Beuron, darüber hinaus studierter Betriebswirtschaftler und als solcher seit zehn Jahren für die Arbeitsbereiche Verwaltung und Finanzen des Klosters zuständig, seinem „Alltagsgeschäft." „Nach der Priesterweihe hat es sich gezeigt, dass man einen Nachfolger in dieser Aufgabe als Cellerar bräuchte, so heißt dieses Amt, Leiter der Verwaltung im Kloster. Ich habe gesagt: Ja, das kann ich mir vorstellen, aber ich möchte mich noch dafür qualifizieren. Dann habe ich das Studium an der Berufsakademie in Ravensburg gemacht. Das war eine tolle Kombination, Berufserfahrung machen und innerhalb von drei Jahren einen akademischen Abschluss haben. Das war sehr sinnvoll." Dass das Sinnvolle auch durchaus kompatibel mit dem Anspruch und der Vorstellung des Einzelnen im klösterlichen Leben sein kann, lässt sich anhand von Pater Tutilo ganz gut ablesen. „Das Tolle an der Aufgabe ist, ich habe die Möglichkeit, schon maßgeblich die Gemeinschaft, das Un-

ternehmen Kloster mitzuprägen. Meine Vorstellungen ein-
zubringen und umzusetzen." Dass diese Aufgabe und Möglichkeit auch ein wenig mit Einfluss, Autorität und ja, auch
mit Macht zu tun haben, räumt er gerne ein. „Macht", sagt
er, „ja, da habe ich einige hier", lacht, während der Schalk in
seinen Augen hinter den Brillengläsern verschmitzt blitzt.
„Es wird selbstverständlich vorausgesetzt, dass es die geben
muss. Nicht alles kann man demokratisch machen, manches
muss jemand übernehmen und durchziehen. Verantwortung
wahrnehmen kann ja auch nicht die breite Masse, sondern
können immer nur Persönlichkeiten, konkrete Personen."
Klingt selbstbewusst und wie aus der Verlautbarungspostille
einer erfolgreichen Unternehmensberatung. Eine dieser kon-
kreten Personen ist Pater Tutilo, der auch in seinem Büro im
Kloster seine Vorstellungen wie es scheint schon umgesetzt
hat. Es wirkt alles sehr modern, stilvoll, als hätte man das
Fenster geöffnet und ein Hauch von Postmoderne wäre
durch dieses alte Gemäuer gefegt. Bei dem Gedanken daran
lacht Pater Tutilo. Es ist ein Lachen, als wirke eine unglaub-
liche Geschichte in ihm nach. „Der Schreibtisch isch
gschenkt", sagt er, um das Modische ein wenig zu relativieren, als sein Handy im Habit klingelt: „Ja, Pater Tutilo …
Was machet mir heut Nachmittag? … Wo treffet mir uns. …
Okay, untn in St. Maurus. … Um 14 Uhr … St. Maurus …
Passt. … Jawohl … Dann bis später, Danke … Tschüss" –
das war kein modernes Zwiegespräch mit Gott, sondern
eine Verabredung mit dem Bauleiter, der das zum Kloster
gehörende Wasserkraftwerk St. Maurus, das das Kloster mit
Strom versorgt, gerade um- und neubaut. *Tradition und Aktualität gehen im Kloster Beuron immer neue Verbindungen
ein*, heißt es auf der Kloster-Homepage. Auf diese Aktualität angesprochen, sagt Pater Tutilo: „Der Erzabt entscheidet,

wer ein Handy bekommt, ob es absolut notwendig ist." Für Pater Tutilo scheint es notwendig zu sein, „weil beklagt wurde, dass man mich nicht erreicht."

Pater Albert ist auch ohne Handy zu erreichen. Pater Albert stammt aus Freiburg, ist promovierter Theologe, schon doppelt so lange im Kloster Beuron wie Pater Tutilo und neben seiner Aufgabe als Exerzitienmeister redaktionell als Schriftleiter für die Benediktinische Zeitschrift *Erbe und Auftrag* zuständig, die mittlerweile seit 83 Jahren existiert und vier Mal im Jahr erscheint. Erst seit zwei Jahren kümmert sich Pater Albert um diesen Bereich. Davor war er acht Jahre lang in Rom als Rektor der Benediktineruniversität und davor als Studentenseelsorger in Salzburg. „Ich habe Beuron mit zwölf Jahren kennen gelernt. Ich komme aus einer gläubigen Familie, in der Religion lebendige Wirklichkeit war. Ich war in der Pfarrei engagiert, Ministrant, ich habe hier schöne Gottesdienste erlebt, nette Leute, freundliche Mönche, einen prima Süßmost – der kindliche Entschluss: Ich werde Mönch, war dann sehr schnell gebacken. Im Lauf der Gymnasialjahre wusste ich allmählich: Dieses Beuron, das lockt mich, das ist es. Das werde ich probieren." *Der Weg in die klösterliche Gemeinschaft ist ein Weg der persönlichen Klärung und der steigenden Verpflichtung in Postulat (6 Monate), Noviziat (1 bis 2 Jahre) und zeitlicher Profess (3 Jahre). Erst nach Ablauf dieser Zeit können die Ewigen Gelübde (Mönchsversprechen) abgelegt werden.*

Die Probe scheint für Pater Albert, was nach 40 Jahren durchaus zu attestieren ist, als geglückt. „Mit richtigen Zweifeln und Krisen kann ich nicht dienen", sagt Pater Albert, die Worte bedächtig formulierend und abwiegend. „Die Grundentscheidungen haben schon auch ihre Ernüchterungen bekommen. Was ja auch gut ist. Manchmal merkt man auch die Entbehrung, keine Familie zu haben. Auf der anderen Seite, jetzt als Seelsorger habe ich so viele Kinder und bin eingeweiht in so viel werdendes Leben, dass diese Sehnsucht, die dahinter steckt, eine Familie zu gründen, auch nicht bei mir einfach leer bleibt."

Vermittelt Schwester Kornelia im Kloster Habsthal den Eindruck einer fest in sich ruhenden Solitär, scheinen Pater Tutilo und Pater Albert im Kloster Beuron viel mehr in einer Gemeinschaft aufgehoben und integriert zu sein, in die das verweltlichte Leben mit dem Besucherstrom auch ins Kloster schwappt. Busladungen aus der ganzen Welt partizipieren an der sakrosankten Abgeschiedenheit der Mönche und die Mönche inhalieren gleichzeitig die säkularisierte Luft von draußen. Das Kloster scheint sich ganz und gar in die heutige Zeit einzugliedern oder, wie Pater Albert sagt: „Gott und die Welt lassen sich nicht auseinanderdividieren, wir suchen ihn als Menschen in der Welt, als Zeitgenossen", und ist somit auch ganz nah dran, an dessen Puls. Die dicken Mauern wirken durchlässig, einer Membran gleich, durch die der Glaube zirkulieren kann, von außen nach innen und umgekehrt. Nicht Abschottung und Rückzug scheint die Devise, sondern Öffnung und Transparenz. Es ist das Modell eines Klosters, das auch im 21. Jahrhundert überlebensfähig zu sein scheint. *Indem wir die Türen zu unserer Gemeinschaft öffnen und in unser Leben Einblick gewähren, hoffen wir, Kirche und Gesellschaft, dem Menschen, einen Dienst zu erweisen.*

„Der Herr sucht in der Menge seinen Arbeiter und fragt: Wer ist der Mensch, der das Leben liebt, und wenn dann jemand sagt: Ich, dann ist das ein Bild zu dem Schritt, den ein

Mensch zu seinem Beruf tut", sagt Pater Albert, sich auf den Heiligen Benedikt berufend, während ich ICH denke und dann: Wenn jetzt im Kloster noch der intime Kontakt zu Frauen erlaubt wäre – einmal im Monat würde im Sinne der discretio schon reichen – wäre das durchaus auch für mich eine ernst zu nehmende Option. Ich bin sicher, könnte ich den Heiligen Benedikt fragen, er würde wirklich aufrichtig darüber nachdenken. Ich könnte Pater Albert bei seiner Zeitschrift und der *Monastischen Welt* helfen, Pater Tutilo organisatorisch zur Hand gehen und vielleicht einmal im Jahr mit den Mönchen zusammen die Passionsspiele als Freilichttheater im Klosterhof und im Stile Oberammergaus inszenieren. Das wäre nicht nur eine touristische Attraktion des Wallfahrtsortes Beuron, mit vielen, vielen Gläubigen, sondern auch ein Heidenspaß respektive Glaubensgaudi, bei der *Tradition und Aktualität eine neue Verbindung eingehen* würden. Darüber hinaus könnte ich zwischendurch, das Jahr über, ein paar kabarettistische Zwiegespräche mit Gott in verteilten Rollen zum Besten geben. Ich denke, das wäre allemal anregender als der *Brunch mit Gott im Prenzlauer Berg*. Oder, wie schreiben muki und schippi im Gästebuch auf der Homepage der Mönche: „ich und schippi sind große kloster-fans … von Gott auch! wir werden sie schon bald besuchen … in größter liebe mukiiiiiiiiii. grüßen sie gott von mir! in liebe schippi." Dem ist nichts mehr hinzuzufügen, höchstens: Auch in den Beuroner geräuchten Kloster-bratwürsten, die ich mir auf dem Rückweg von Beuron als Wegzehrung mitgenommen habe und die auch über's Internet zu bestellen sind, schmeckt man ein wenig das Rassige und Bekömmliche des benediktinischen Glaubens.

Warum weiße Schafe mehr fressen als schwarze

Im Hof vor dem Stall und der Hundehütte wartet Lux, ebenfalls ein Alt-Deutscher-Bordercollie, der es aber im Vergleich zu Bobby „drauf hat", wie sein Herrchen beteuert, während er ihm liebevoll den Nacken krault. „Bei dem spritzen die Schafe nur so zur Seite!", sagt Herr Matyas und klopft ihm auf den Rücken.

Ein Schäfer und sein charismatischer Hund

„Der heißt Bobby", sagt der Schäfer und zeigt auf den Hund. Der Schäfer heißt Rudolf Matyas. Der Hund mit dem skeptischen Zug um das Maul nickt. Ich nicke auch. Es scheint, dass wir uns verstehen. „Ich habe auch einen Hund", sage ich und Bobby guckt, als böten die Wacholderheiden um Albstadt herum nicht viel Abwechslung. Er wedelt jetzt gleichmäßig mit dem Schwanz, während der Schäfer einen neugierigen Blick in meinen Wagen wirft. Ich greife in die Tasche und ziehe einen kleinen, weißen Plastikhund heraus. „Das ist Franz", sage ich, während Bobbys Schwanz augenblicklich anhält. Der Schäfer lacht laut auf. Dann wischt er sich den Schweiß mit einem großen, karierten Taschentuch von der Stirn. Es ist warm im Oktober in der Mittagssonne am Rand von Ebingen, einer Teilgemeinde von Albstadt auf der Südwestalb. „Den habe ich von meiner Freundin", sage ich, „damit jemand auf mich aufpasst." Bobby dreht mir gelangweilt den Rücken zu und schaut hinüber zur Herde. Die Schafe stehen zusammen und wissen nicht so recht etwas mit sich anzufangen. Manche grasen, ein paar blöken und blicken gemächlich zu uns herüber. „Der ist sechs", sagt der Schäfer Matyas und zeigt auf Bobby. „Und wie alt sind Sie?", frage ich, woraufhin der Schäfer nachzudenken scheint.

Herr Matyas ist 37 Jahre alt und seit fast zehn Jahren Vollerwerbsschäfer. Davor war er Maschinenbauingenieur. „Mit Studium und allem. Ich war auch nicht schlecht", sagt Herr

Matyas und guckt hinüber zu seiner Herde, als wäre er froh, dass das lange vorbei ist und weit hinter ihm liegt. „Ich hab auch ein halbes Jahr lang in dem Beruf gearbeitet." Aber irgendwann hat Herr Matyas wohl festgestellt, dass es nicht das ist, was er sich vorstellt und erwartet, vom Leben. Von seinem Leben. „Und wie kamen Sie dann zur Schäferei?", frage ich, während sich Herr Matyas wieder die Schweißperlen von der Stirn trocknet. Und dann erzählt er mit weicher, fast schon balsamierter Stimme, die so gar nicht zu diesem robusten, muskulösen Körper passt: „Ich hab Automechaniker gelernt, dann zweiter Bildungsweg, Fachhochschulreife, anschließend Fachhochschule und Maschinenbaustudium mit Abschluss Maschinenbauingenieur." Es klingt so, als ob er das schon öfters erzählen musste. Oder einfach gut reden kann – kann er auch. „Während des Studiums hat sich bei meinen Eltern die Schäferei im Nebenerwerb von anfänglich drei auf ungefähr vierzig Hektar und 100 Mutterschafe vergrößert", sagt er, als wäre es ein Argument mehr für die Schäferei, oder gegen den Maschinenbauingenieur. „Dann kam noch dazu, dass ich mit meiner Berufssituation nicht so recht zufrieden war, weil ich gemerkt hab, ich muss einfach raus." Er schaut hinüber zu seinen Schafen, trocknet wieder die Stirn und sagt dann, um alle Vorurteile gleich im Keim oder besser Schafskot zu ersticken: „Das hat nichts mit dem IQ zu tun, sondern ich war einfach glücklich in der freien Natur." Bei so einer Natur, diesen prächtigen Wacholdersträuchern und den angrenzenden Bäumen am Waldrand, die zu dieser Jahreszeit langsam die Farbe ihrer Blätter verändern und wie sich so vor des Betrachters Augen ein Meer an Braun-, Rot-, Gelb- und Grüntönen ausbreitet, leuchtet das allemal ein. Beide schauen wir jetzt kurzzeitig dieser beeindruckenden Landschaft zu, die in Sonnenstrahlen getaucht einfach so da ist, ohne große Erklärung und ohne großes Aufsehen darum zu machen. Eine Landschaft die offenbar gar keiner Worte mehr bedarf. Und noch ehe ich mich auf eine längere Schweigeperiode eingerichtet habe, sagt Herr Matyas, noch immer mit dem Blick in der Ferne, am Waldrand und den Wacholdersträuchern: „Ich hab mich dann ganz unbedarft in Albstadt auf die Schafweide beworben, das große Wacholdergelände hier." Er zeigt mit der Hand am Waldrand entlang und schreibt dabei unverständliche Zeichen in die Luft, dreht sich um sich selbst und fügt hinzu: „Das hab ich dann gepachtet. 1996 hab ich mich dann selbstständig gemacht und bin losmarschiert mit meinen Hunden von Hausen am Tann, wo ich wohn. Des ist 20 Kilometer weit weg. Dann hab ich hier mit dem Weiden begonnen." Er macht eine Pause, scheint sich seiner Vergangenheit gedanklich noch einmal zu vergewissern und fügt dann, als ob alles so seine Richtigkeit hätte hinzu: „So einfach war das." Ja, denke ich, so einfach wie die Landschaft und doch so eindrucksvoll.

Die Schäferei ist eines der ältesten Gewerbe der Welt. Die Domestizierung des Schafes begann vor ungefähr 10 000 Jahren in Kleinasien und hat sich von dort aus über ganz Asien und Europa verbreitet bis auf die Zollernalb, wo es heute ungefähr 20 000 Mutterschafe gibt. „Und kann man das auch lernen, das mit der Schäferei?", will ich wissen, „also als Berufsausbildung, meine ich." Herr Matyas nickt und streicht seinem Hund, der unentwegt mit dem Blick zur Herde ganz aufgeregt um uns herumschwänzelt, über das schwarze, strubbelige Fell. „Während der Berufslaufbahn hab ich dann noch den Tierwirt gemacht, die Schäferausbildung", sagt Herr Matyas und man sieht ihm an, dass er sich ein wenig ärgert, dass er das zu erwähnen zuvor vergessen hatte. „Das ist normalerweise eine 3-jährige Lehrausbildung. Da ich aber schon Vorkenntnisse und Praxis hatte und auch eine Schafsherde, konnte ich dann nach einem Vorbereitungslehrgang die Prüfung machen." Klingt einfach, denke ich, während Herr Matyas sofort hinzufügt, „kriegst auch nichts gschenkt." Klingt wiederum plausibel. „Und was lernt man da so?", will ich wissen und kann mir nicht so richtig vorstellen, was so kompliziert und komplex an Schafshaltung und Schafen sein soll, dass damit gleich eine 3-jährige Ausbildung verbunden ist. „Alles über Tierhaltung, Futterbedarf, Krankheiten, Wirtschaftskunde, Deutsch, Fachrechnen, bis hin zur speziellen Fachkunde", zählt Herr Matyas auf und lässt keinen Zweifel daran, dass es noch viel komplizierter und komplexer ist, als ich mir das vorzustellen vermag. Mir leuchtet jetzt ein, dass es doch nicht so einfach ist. Bei der Ausbildung geht es um Ablammung und Aufzucht der Tiere, Anatomie, Physiologie, Züchtung, Wissen über Weidewirtschaft und Futtergewinnung, Pferchtechnik, Hütetechnik mit dem Herdenhund und Ausbildung desselben. Auf Schafe aufpassen kann eben nicht jeder. Auf Schafe aufpassen ist eine Kunst. Die nicht nur der Hirte, sondern auch der Hund erlernen muss – und kann. Vielleicht nicht jeder, aber die meisten. „Der Bobby hat keinen Druck", sagt Herr Matyas und meint: Der hat es nicht so richtig drauf. „Der Lux ist besser", sagt er und meint seinen anderen, älteren Hund. „Vor dem haben sie mehr Respekt", fügt er hinzu und meint die Schafe. Der Hund hat in diesen Regionen für den Schäfer und die Schafe keine Schutzfunktion. „In den Alpen zum Beispiel, da muss der Hund die Herde vor Wildtieren schützen", sagt Herr Matyas, überlegt und ergänzt dann: „Vor Wölfen und so weiter." Hier auf der Schwäbischen Alb gibt es keine Wölfe. Hier auf der Schwäbischen Alb ist der Hund ein Hütehund, mit der Aufgabe, die Herde dahin zu lenken, wo der Schäfer sie hin haben möchte. „Aber ohne Herde, die auf dich eingespielt ist, funktioniert das auch nicht", sagt Herr Matyas, um die Bedeutung des Hundes ein wenig zurechtzurücken. „Du kannst 50 Hunde haben, du wirst die Herde nie dahin lenken, wo du willst, wenn nicht ein Schaf zieht, das anhänglichste und das, das mit dem Schäfer verbunden ist." Klingt wie eine lebenslange Beziehung zwischen Lieblingsschaf und Schäfer. „Meistens ist das ein Lamm, das man mit dem Schoppen aufgezogen hat, das einen Bezug zu dir persönlich hat", sagt Herr Matyas und scheint meine These bestätigen zu wollen. „Das zieht an, dann kommt der ganze Haufen hinterher." Das Ziehschaf von Schäfer Matyas heißt Lisa und sieht aus wie alle anderen. Weiß, wie die meisten. Mit Lisa und Bobby zusammen scheint das ganz gut zu klappen, obwohl Bobby „keinen Druck" hat. „Warum fressen die weißen Schafe mehr als die schwarzen?", fragt Herr Matyas und guckt zur Herde, die jetzt zu ihm guckt, als wüsste sie längst Bescheid. Ich überlege, betrachte ebenfalls die Schafe und sehe inmitten der weißen nur ein paar schwarze, vielleicht eine Handvoll. Ich komme nicht drauf. „Weil es mehr sind!", sagt Herr Matyas und lacht. Die Schafe blöken. Ich, der Großstädter, lache auch ein wenig, eher aus Verlegenheit als aus Freude. „Meine früheren Professoren wohnen da vorne", sagt Herr Matyas und zeigt mit seinem Schäferstab hinüber zu den schmucken Einfamilienhäusern am Rand von Ebingen. „Manchmal sagen sie, Herr Matyas, wollen Sie nicht mehr zurückkommen?" Jetzt lacht Herr Matyas noch befreiter. Ich auch.

Offenbar gibt es Hunde, die sind besser geeignet für die Schäferei als andere. Andere gar nicht. Ein Deutscher Schäferhund ist, wie der Name schon sagt, prädestiniert für das Hüten der Schafe. Er ist groß, hat die richtigen Instinkte und befolgt die Befehle des Schäfers. Ein Alt-Deutscher-Mischling-Bordercollie, wie Bobby einer ist, geht auch. Ein Mops nicht. Ein Yorkshire Terrier auch nicht. Beide würden die Schafe im Gras auf der Weide gar nicht sehen. Schafe sind nicht die intelligentesten Tiere, wie der Volksmund weiß. (Du dummes Schaf!) Und das machen sich Bobby und sein Schäfer zunutze. Denn eigentlich müssten sie wissen, die Schafe, dass Bobby harmlos ist, dass Bobby keiner Fliege etwas zu leide tun kann. Aber nach Jahren haben sie noch immer Angst vor ihm. So dass es ausreicht, wenn Bobby auf- und abspringt, „Grenze geht", wie der Schäfer sagt, dass sie in Zaum gehalten werden. Nur frisch gebärende Mutterschafe haben keine Angst. Vor denen hat Bobby Angst. Auch wenn die Schafe nicht die Intelligentesten zu sein scheinen, lässt Herr Matyas auf *seine* nichts kommen. Im Gegenteil. Über seine Schafe gerät Herr Matyas sogar ins Schwärmen, sodass die weiche Stimme noch weicher klingt. „Das sind alles Merino-Schafe", sagt er und guckt wieder hinüber zur Herde, in der einige Schafe jetzt blöken, als wollten sie ihren Schäfer bestätigen und aufmuntern, alles zu sagen, was er über sie weiß. „Die sind super triebfähig, super marschfähig, robust und haben trotzdem eine super Fleischleistung. Das ist ein richtig gutes Allround-Schaf." Jetzt blöken die Schafe noch mehr und sehen auch ein wenig stolz dabei aus, als wollten sie ihrem Chef für die salbungsvollen Worte danken. Auch der scheint nicht nur mit den Schafen, sondern auch mit seinen Worten über dieselbigen zufrieden. „Der württembergische Schlag ist bis über die Landesgrenzen hinaus bekannt. Es ist bekannt, dass es eine großräumige, fleischige, gute Landschafsrasse ist." Und wieder blökt es, woraufhin Bobby bellt und der Schäfer „Bobby!" schreit, dass die weiche Stimme ganz hart klingt. „Und wie viele sind das?", frage ich und schaue zur Herde, um sie schätzungsweise zu erfassen. Gebe es aber schnell wieder auf, weil es viel zu viele sind. „450 Mutterschafe", sagt Herr Matyas. „Und alle zusammen?", frage ich und ergänze in Gedanken die Mütter um Vater und Kind. Herr Matyas guckt mich an, als ob er die Frage nicht ganz verstehen würde oder sein Gegenüber ähnlich beschränkt sei, wie's das Vorurteil über die Schafe besagt. „Die Lämmer zählen nicht", sagt er schließlich, „die sind ein durchlaufender Posten!"

„Und wie viele sind das?", hake ich, ein Herz für die, die nicht zählen, nach. „Ach des kann ma et gnau saga, paar hundert vielleicht. Aber isch ja au egal", sagt Herr Matyas, jetzt in den schwäbischen Dialekt verfallend.

Der Schäfer Matyas ist kein klassischer Wanderschäfer mehr. Der klassische Wanderschäfer zieht in den Wintermonaten ab Oktober, November mehrwöchig von der kalten Zollernalb in klimatisch günstigere Regionen. Ein Teil der Schäfer zieht hinunter an den Bodensee, der 400 Meter über dem Meeresspiegel liegt und durch das Gewässer ein ausgeglichenes Klima liefert. Der andere Teil zieht ins Rheintal, in die Gegend von Lörrach, bis Karlsruhe und Heilbronn. Täglich marschieren sie 6 bis 7 Kilometer, um da anzukommen, wo der Schäfer mit seiner Herde dann den Winter verbringt. Herr Matyas bleibt dagegen zu Hause. 1997 hat er sich einen großen Stall gebaut. „Selber und auf eigenem Grund", wie er beteuert, „der gehört mir, keiner Kommune, keiner Stadt." Die Schafe kommen den Winter über in den Stall und werden dann mit dem im Sommer eingelagerten Futter – große, runde Heuballen – durch die kalte, hier oben, beinahe 800 Meter über dem Meeresspiegel, fast schon eisige Jahreszeit gefüttert. Und Herr Matyas kann zu Hause im eigenen Bett schlafen. Was nicht nur ihn freut, sondern auch seine Frau. Und die zwei kleinen Kinder. Vier und zwei Jahre alt. Der Vater ist immer da und nicht wie bei den Wanderschäfern mindestens die Hälfte des Jahres unterwegs. „Ich bin 365 Tage im Jahr bei der Familie. Des isch mir wichtig", sagt Herr Matyas und das scheint aus seinem Mund keine Plattitüde zu sein. „Das Familiäre spielt eine große Rolle. Obwohl es bei mir, wie beim Wanderschäfer auch, keinen Urlaub gibt, bin ich trotzdem ausgeglichen und zufrieden." Mit seiner Frau, die er schon aus Jugendzeiten und fast zwei Jahrzehnte lang kennt und mit der er ebenso lange zusammen und seit ein paar Jahren auch verheiratet ist, gab es nie Probleme mit der Schäferei. „Eher mit der Schwiegermutter", sagt Herr Matyas, mehr scherzhaft als ernst gemeint, und lacht. „Aber ich heirate ja nicht die Schwiegermutter." Jetzt lachen wir beide.

Im Frühjahr kommen die Schafe dann wieder raus auf die Weide, wo sie gehütet werden, freilaufend, ohne Netze. Herr Matyas zeigt auf die orangenen Netze – ‚Pferch' genannt –, die er von seinem Jeep nimmt und jetzt zusammengerollt in den Händen hält. „Wenn die Futtergrundlage niedrig ist, im Frühjahr und Herbst", sagt Herr Matyas, „dann macht es mit Netzen keinen Sinn. Wenn genügend Futter da ist, vor Ort, auf den Weiden dann ‚Hüten wir in Netzen', so nennt man das." Da werden dann jeden Tag die Netze neu und woanders gespannt, sodass die Schafe täglich „eine frische Portion", wie das der Schäfer bezeichnet, bekommen. Jetzt zieht

Herr Matyas die Netze lang und rammt einen Metallstab in den Boden, zieht die Netze wieder hinter sich her, bis zum nächsten Metallstab. Blitzschnell geht das. „Schafe fressen selektiv", sagt Herr Matyas, während die Netze immer länger werden. „Die holen sich immer nur das Beste raus. Also, nicht wie eine Kuh, die frisst alles, sondern die Schafe verschmähen auch Pflanzen, die sie nicht mögen, die werden sie nie fressen, auch wenn sie Hunger leiden." Ich bin erstaunt und kontinuierlich steigt meine Achtung vor den Schafen. „Den Hahnenfuß zum Beispiel, die Butterblume" – so dumm, wie das Klischee verbreitet, scheinen die Schafe dann offenbar doch nicht zu sein. Als ob Herr Matyas meine Gedanken erraten könnte, rammt er den letzten Stab in die Boden und hält dann inne, während Bobby ganz aufgeregt auf- und abspringt, weil er weiß, dass die Schafe jetzt vom abgefressenen Weidestück, wegen der frischen Portion, in das neue verlegt werden. Und das bedeutet Arbeit für den Hund. Der Pferch des abgefressenen Weidestücks wird geöffnet und der Schäfer geht voraus, während die Herde ihm folgt und der Hund an der Seite entlang springt, „Linie geht" oder „Grenze", auf und ab, „wie ein Uhrwerk" und dabei aufpasst, dass keines der Schafe aus der Reihe tanzt. Nur selten muss der Schäfer mit seinem Stab in die Luft zeichnen, damit der Hund sich daran orientieren kann. Auch mit wenig Druck macht Bobby seine Sache gut. Die Schafe wagen es nicht, eigene Weg zu gehen und folgen, wie an Schnüren gezogen, dem Schäfer. ‚Der gute Hirte' fällt mir beim Anblick des Schäfers und der ihm folgenden Herde ein, das biblische Motiv, die Metapher und das Gleichnis desselbigen. „Ich bin der gute Hirte", sagt Jesus im Johannesevangelium von sich selbst, der die Schafe unterscheidet und sie beim Namen kennt. Auch die Schafe erkennen ihn an der Stimme. Bis zur Hingabe des eigenen Lebens setzt sich der gute Hirte für die Herde ein. Es hat etwas Anmutiges und Erhabenes an sich, wenn Herr Matyas voranschreitet und die Schafsherde ihm widerspruchslos folgt und wie selbstverständlich. Bis zum neu eingefassten Weidenstück. Der Pferch wird geschlossen und die Schafe beginnen sofort wieder mit dem Fressen. Müssen sie auch, damit die Wolle dick wird und das Fleisch fett. Aber auch wenn die Schafe noch so gut gedeihen, reicht es für die Existenz eines Schäfers nicht aus. In der Landwirtschaft spielen die Schäfer heutzutage eine untergeordnete Rolle. Ohne Subventionen und EU-Gelder wäre die Vollerwerbsschäferei schon längst ökonomisch am Ende und verschwunden. „Ohne die öffentlichen Gelder, sprich EU-Fördermittel geht es nicht", erklärt Herr Matyas. „Obwohl die mittlerweile auch schon einschneidend sind. Man darf aber nicht rumjammern, es geht trotzdem weiter." Zu den Subventionen kommt dann noch die Produktion von Fleisch und Wolle dazu. Wobei die Wolle im Normalfall nur die Kosten der Schererei deckt. Aber im Betrieb von Herrn Matyas ist das anders. „Wir vermarkten die Wolle in fertigen Produkten", sagt er und darauf scheint er auch ein wenig stolz zu sein. „Kissen, Socken, Einlegesohlen, Betten, Kuscheltiere werden von unserer Wolle hergestellt. Da beauftrage ich eine Firma hier in Albstadt und die macht das dann. Ich versuche also, das gering bezahlte Produkt Wolle hochwertig zu vermarkten." Die Vermarktung hat er selbst in die Hand genommen. Die Authentizität fördert den Verkauf. Wenn der Erzeuger selbst die Produkte verkauft, wirkt er einfach nicht nur glaubhafter, sondern kann den potenziellen Käufer von seiner Ware auch viel besser überzeugen. Mit dem beredsamen Talent von Herrn Matyas glückt das ohnehin. Er hat sich einen Verkaufswagen angeschafft und ist damit dann auf Wochen- und Bauernmärkten unterwegs und verkauft seine wolligen Waren. „Das bedarf natürlich zusätzlichen Arbeitsaufwands und Engagements. Das kann nicht jeder Schäfereibetrieb leisten." Herr Matyas schon. „Da bin ich dann zum Teil sechs Tage hintereinander unterwegs, im ganzen Südwesten. Deshalb brauche ich auch einen Mitarbeiter, schaff also einen Arbeitsplatz, der dann auch da ist, wenn ich weg bin." Der Mitarbeiter, ein junger Bursche aus dem Ort, nickt schüchtern, während sein Chef anfängt, leidenschaftlich über die Wolle zu philosophieren, dass es den nicht weit entfernt grasenden Schafen das Blöken verschlägt, als wollten sie ihrem Schäfer aufmerksam zuhören. „Wolle hat eine herrliche Eigenschaft", sagt Herr Matyas. „Wolle ist unvergleichlich mit jeder anderen Faser. Wolle kann sechs bis sieben Mal soviel Feuchtigkeit speichern wie sie selber wiegt. Das heißt, wenn Sie eine Strickjacke haben, dann ist die bei Regen vielleicht bleischwer, aber innen auf der Haut trocken. Wolle hat die Fähigkeit, die Nässe vom Körper nach außen zu transportieren, das macht keine andere Faser. Das ist oft kopiert worden. Aber eine andere Faser bringt das nicht. Auch bei Betten zum Beispiel." Wenn Herr Matyas mit soviel Empathie und Begeisterung auch seine Produkte auf dem Markt anpreist, kann es einem um den Verkauf nicht bange sein. Hätte ich nicht schon eine Strickjacke, ich würde mir sofort eine von ihm kaufen. „Und wer kauft die Produkte?", frage ich und erwarte als Antwort: ökologisch interessierte Menschen. Herr Matyas schüttelt den Kopf, „Nee, nicht die Ökos, der Mittelstand und die Bürgerlichen kaufen bei mir."

Die Schafe sind versorgt und Herr Matyas fährt nach Hause. Ich fahre mit. Wir fahren von Albstadt-Ebingen nach Laufen und von da hoch, die 20%ige Steigung, serpentinengleich, Richtung Tieringen. Die Fahrt auf der engen Straße durch den Herbstwald mutet wie eine Reise durch ein pointistisches Gemälde an; eine Farbenfülle rauscht an den Augen vorbei, als wäre die Natur ein betörender Cocktail. Von Tieringen geht es nach Hausen am Tann und da am Ortsrand zum Stall von Herrn Matyas und zur Scheune mit dem Futter. Große Heuballen sind aufgeschichtet, Maschinen stehen jetzt noch da, wo bald die ganze Schafsherde den Winter über stehen wird. Im Stall riecht es nach Heu, nach Schafen und auch ein wenig nach Kot. Das liegt vor allem an den paar Schafen, die jetzt schon eingezäunt im Stall stehen. Herr Matyas klettert über den Zaun, greift nach dem Hinterbein eines Schafes, drückt es blitzschnell und gekonnt an sich, so dass dieses bewegungslos dem Schäfer ausgeliefert zu sein scheint. Dann fühlt er mit der anderen Hand und mit einem kräftigen Griff am Rücken des Schafes das Gewicht desselbigen. „Die können weg", ruft Herr Matyas seinem Mitarbeiter zu und meint: Der Metzger kann sie abholen, die Schafe sind schwer genug und zum Schlachten reif. Im Hof vor dem Stall und der Hundehütte wartet Lux, ebenfalls ein Alt-Deutscher-Bordercollie, der es aber im Vergleich zu Bobby „drauf hat", wie sein Herrchen beteuert, während er ihm liebevoll den Nacken krault. „Bei dem spritzen die Schafe nur so zur Seite!", sagt Herr Matyas und klopft ihm auf den Rücken. „Woran liegt das?", frage ich. „Am Charisma", sagt Herr Matyas wieder mit weicher, wohltönender Stimme. „Das ist wie bei den Menschen." Lux sieht aus wie ein Wolf, ist acht Jahre alt und man spürt sofort, dass nicht nur Schafe vor ihm Respekt haben. (Ich wage nicht, ihm Franz vorzustellen.)

Nach der Besichtigung der Maschinen, des neuen Traktors und des Stalls lädt mich Herr Matyas zu sich nach Hause ein, vorher telefoniert er aber noch mit der Frau und kündigt mich an. „Ha, des isch a Kloiner, mach paar Würscht – isch doch egal!"

Herr Matyas wohnt in einem selbstgebauten Einfamilienhaus. Es sieht aus wie das Einfamilienhaus eines Maschinenbauingenieurs oder Automechanikers. Im unteren Stock des Hauses ist das Büro von Herrn Matyas. Es stehen ein paar Schachteln herum, ein Computer, ein Drucker und daneben eine Kraftbank mit Gewichten. „In Spitzenzeiten 190 Kilo", sagt Herr Matyas, nicht ohne ein wenig Stolz, und jetzt wird mir auch klar, weswegen der Mann so muskulös wirkt. Dann, mit einem fast abfälligen Blick auf den Computer, sagt er, dass er damit wenig am Hut habe und dass das mit dem Computer alles seine Frau mache. Buchhaltung und alles. Administratives auch. „Ich hab schon während des Studiums nie einen benützt. Und auch meine Diplomarbeit als einziger ohne Computer geschrieben." Er lacht, als wollte er sagen: Die modernen Zeiten sind schön und gut, aber es geht manchmal auch ohne diesen ganzen Kruscht.

Im oberen Stock – nur ohne Straßenschuhe betretbar – warten zwei entzückende Kinder und eine Frau mit dem Essen auf der großräumigen Terrasse. Ein englischer Rasen zieht sich soweit das Auge reicht in die Höhe, während die brutzelnden Würste in der Pfanne aufgetragen werden. „Sind das Schafswürste?", frage ich, mit Blick auf die Pfanne. „Ach was, ha noi!", sagt Herr Matyas und fügt amüsiert hinzu: „Isch doch egal!", schenkt sich ein Bier ein und lacht.

Stimmt.

„Mahlzeit!"

Flüchtige Begegnung (1)

Was für eine Nacht! Die erste im Wohnmobil! Es war
– Hand aufs Herz – auch nichts anderes zu erwarten: als
Camping-Anfänger und Wohnmobil-Laie würden Entglei-
sungen an jeder Mobil-Ecke und allen Schrankwandkanten
heimtückisch auf mich lauern. Das war klar. Und tatsächlich,
schon am Ende des ersten Tages zwinkerte mir einer dieser
demütigenden Fehler, die man nur einmal im Campingleben
begeht, zu: Ich habe, als ich in der Nacht das Wohnmobil ab-
stellte, *schräg geparkt*, soll heißen, zwischen Vorder- und
Hinterachse lagen vielleicht 10 Zentimeter Höhenunter-
schied (vielleicht auch mehr; gefühlt viel mehr!). Die Folge:
In der Nacht lag der Kopf logischerweise ebenso viele Zentimeter höher als die Füße. Nun, das ließ sich noch verkraf-
ten, da ich aufgrund der unglaublichen Stille auf der Zollernalb ohnehin nicht schlafen konnte. Am nächsten Morgen
aber, beim erstmaligen Duschen im Wohnmobil, schlug der
Fehler dann gnadenlos zu. Mit der einen Hand abgestützt,
um mich selbst am Umfallen zu hindern (wegen der nun
gefühlten mindestens 30 Zentimeter Hanglage) und mit der
anderen Hand die Duschbrause haltend, wurde das Duschen
zu einem akrobatischen Akt, den ich, man muss es leider so
sagen, kläglich verlor. Das anfänglich noch warme Wasser
wurde schnell kalt, die Brause glitschte immer wieder durch
die Hand und die Schräglage respektive jetzt gefühlte Hanglage von mindestens einem halben Meter ließ letztendlich
nur noch ein erniedrigendes Duschen im Knien zu. Dreierlei mögliche Schlussfolgerungen: 1. Nie mehr duschen.

2. Wohlriechende Parfums. 3. Nie mehr in Schräglage parken. Ich werde mich wohl für letzteres entscheiden. Und für alle religiösen Fanatiker sei angemerkt: Duscht im Knien und jeglicher Fundamentalismus macht sich durch den Abfluss davon.

Und gestern und heute spielt auch eine Rolle. Jetzt

„Und der Neubau!", sagt dann doch noch der Zellmer und lacht. Es klingt befreiend, aber auch ein bisschen spitzbübisch. So muss er gelacht haben, als er das erste Mal merkte, dass dieser Theatertraum von der Schwäbischen Alb Realität zu werden scheint.

Das Theater Lindenhof: Grenzgänger
fernab der Metropole und doch ganz nah

Es brennt Licht im Lindenhof. Ich parke den Wagen unter
den zwei großen Linden im Hof, in dessen prächtiger Gegenwart das bunte Wohnmobil ganz blass aussieht. Als die
Linden so alt waren wie das Wohnmobil, gab es noch gar
keine Wohnmobile. Autos auch nicht. Zu jener Zeit bewegte
man sich noch auf Pferdefuhrwerken fort oder blieb ganz zu
Hause. Verbrachte die freie Zeit in der *Linde* bei einem Vier-
tele und Kartenspiel.

„Guten Abend."

Der Gründer und Präsident des Theater Lindenhof Uwe
Zellmer, der in der obersten Etage unter dem Dach des alten
Gasthauses thront und residiert, mit dem vom Terrassen-
balkon aus „schönsten Blick Süddeutschlands", wie er schel-
misch grinsend erwähnt, führt mich gemächlich und mit der
Selbstgewissheit eines erfüllten Theaterlebens durch die
Räumlichkeiten: der Theatersaal und frühere Festsaal des
Gasthauses im ersten Stock mit 100 Plätzen und Guckkas-
tenbühne, die ausgebaute Scheune nebenan, mit imposanten
weitläufigen Brettern, die die Welt bedeuten, rustikal mit
Balken an der Decke und knapp 200 Plätzen auf einfachen
Bänken, Büros, Garderoben und eine Gaststätte mit italieni-
scher Küche, die auch als Kantine leicht den Zweck erfüllt.
Eine Infrastruktur, die es mit jedem kleinen Stadttheater auf-
zunehmen scheint. Ein Mikrokosmos, der immer größer
wird. Eine Welt, die des Theaters und die des Lindenhofs:
Die Theater-Lindenhof-Welt, der vor 26 Jahren der Atem

eingehaucht wurde, von einem Lehrer, seinem Schüler und noch ein paar anderen – auf der Suche nach einer Lebensform, auch nach sich selbst und einer theatralischen Existenz des Selbst, fernab der Metropolen, weg von Reutlingen, Tübingen – aber nicht aus der Welt. Und fündig geworden in Melchingen, einer 700-Seelen-Gemeinde in fast 1000 Metern Höhe, Nähe Burladingen, auf der Schwäbischen Alb. Unter den Linden 18: das Theater Lindenhof. Das einzige Regionaltheater Deutschlands.

Angefangen hat die Theater-Reise, die Exkursion ins Ungewisse, der Traum vom Geschichtenerzählen gar nicht in Melchingen, sondern in Reutlingen. 1977 leitete der Deutsch- und Sportlehrer Uwe Zellmer 27-jährig eine Theatergruppe mit Schülern und Lehrlingen. Aus dieser ersten Theaterarbeit entstanden Freundschaften zu seinem Schüler Bernhard Hurm, zu Stefan Hallmeyer und Dietlinde Ellsässer – und der Wunsch und die Lust auf Theater. „Lust auf etwas Neues und Eigenes zu erzählen", sagt der Zellmer und dabei blitzen in den Augen noch immer die Lust und das Eigene für Momente auf. „Wir wollten auf dem Land einen Bauernhof haben und da Theater machen. Das erste Mal waren wir 1980 in der Linde und da gab es Sauerbraten." Und der muss köstlich geschmeckt haben, denn kurze Zeit später schlugen Zellmer, Hurm, Hallmeyer und Ellsässer zu, kauften die Gastwirtschaft Linde und hatten von nun an ihren Lebenstraum wie andere den Rotz an der Backe, zudem die Vision als die sprichwörtliche Faust in der Hosentasche. „Theater als Lebensform, Theater und Leben unter einem Dach", wie es der Hurm tief in sich hineinhorchend auf den Punkt und heraus bringt. Und mehr. In den damaligen soziokulturell bewegten Zeiten, als die Grünen sich gerade formierten, als alternative Gesellschafts- und Lebensmodelle aus- und anprobiert wurden wie die selbstgestrickten Pullover der Jugendbewegten – zwei links und niemand wird fallengelassen –, Bürgerinitiativen und Selbsthilfegruppen aus dem Boden schossen, als wären sie das Kraut der Rüben und als darunter viel mehr als nur Dreck und die Bundesrepublik in politischem Aufruhr war, da wollte man auch damals in der schwäbischen Provinz oftmals mehr als nur einen Bausparvertrag und eine Festanstellung im Schulbetrieb. Man wollte alles: Kultur und Kneipe. Politik. Und Leben. Und dennoch, oder wie es der Hurm poetisch und als Destillat der Rückschau ausdrückt: „Die Seele des Ganzen war die Theatersehnsucht!"

Nach der Sehnsucht kommt immer auch der alltagserprobte Pragmatismus oder die Frage nach der Butter auf dem Brot. Oder nur das Brot. Ständige Liquiditätsprobleme bestimmten und beherrschten die ersten zehn, zwölf Jahre das Leben der Lindenhöfler in Melchingen. Wobei im Rückblick gar nicht das Ökonomische das eigentlich Verrückte war, wie der Hurm vor sich hindenkt und zurückerinnert: „Verrückt war eher, dass du glaubst, hier oben ein Theater machen zu müssen und die warten alle auf dich." Gewartet hat hier niemand, in dieser Gegend, wo es immer schon viele Steine gab und wenig Brot und die Menschen nicht gerade zu den geselligsten Zeitgenossen der Republik zählen. Die Resonanz ging am Anfang von reservierter Neugierde bis hin zu totaler Ablehnung. „Ich sah des Melchingen von Wilmerdingen kommend liegen und dachte: Sakrament no amoal!", sagt der Zellmer im brachial-sympathischen Zellmer-Diktum. Und von den Melchingern musste es ebenso brachial aber gar nicht so sympathisch zurückgehallt haben: „Sakrament

no amoal!" (so wie man eben in den Wald hinein …). Als er-
probter Fußballer – württembergischer A-Jugendmeister
beim VFL Heidenheim mit einem Probetraining beim FC
Bayern München, Studentennationalmannschaftskicker –
wussten der Zellmer und die Seinigen ganz genau: Wenn du
zurückliegst, musst du die Ärmel hochkrempeln und nicht
nur schön spielen, sondern auch kämpfen.

Der Kampf ging weiter, immer und stetig gegen die dro-
hende Pleite, solange bis 1993 aus dem Kleintheater das erste
Regionaltheater Deutschlands entstanden ist. Ein Theater,
das von nun an gleich von drei Landkreisen finanziert wird
(Tübingen, Zollernalbkreis, Reutlingen) und Verträge mit
Partnerstädten wie Burladingen, Bietigheim-Bissingen, Balingen, Albstadt und vielen anderen schloss, was nicht nur
Geld, sondern auch eine direkte Bindung in die Region zur
Folge hatte und somit zum sprichwörtlichen Theater der
Region führte – schwäbisch, volksnah, bodenständig, kri-
tisch und originell – und zu zusätzlicher Bezuschussung
durch das Land. Ein Theater, in dem sich das Publikum zu
Hause fühlt, wie es Walter Jens einmal ein- und auffiel. Oder
einfach: ein Theater in der Provinz und für die Provinz,
ohne künstlerisch provinziell zu sein.

Ja, die Kunst! Das Theater Lindenhof *ist* eine Kunst und ein
Theater, verortet im Land und bei den Leuten, keine elitäre
Elfenbeinkunst, sondern kritisches Volkstheater im besten
Sinne, ohne Schenkelklopf- und Bauerntheaterattitüde;
direkt, poetisch und immer ganz nah dran – am Leben,
am harten und rauen hier auf der Alb, wo die Winter länger
sind und kälter als an fast jedem anderen Ort der Republik.
Theater im Molierschen Sinne – mit Peter Brook und Ariane

Mnouchinkines als Paten – ein bundesrepublikanisches Unikum, eine Perle unter den blinden Nüssen. Umtriebige Idealisten und sympathische Überzeugungstäter mit viel Schalk und Tradition und doch ganz und gar im 21. Jahrhundert verankert – trotzdem oder gerade deswegen mit Hölderlin, Stauffenberg, Schubert, Büchner, Ratgeb und der *Geierwally* im Repertoire. Eben keine sensationssüchtigen Karrieristen mit vorabendfernsehtauglichen Staralüren, die in der Hauptstadt und anderswo auf den Gehsteigen ihre *Becks*-Biere spazieren tragen und vom Hollywood-Boulevard träumen oder wenigstens davon, beim *Marienhof* durchs Bild zu laufen. Hier wird auch geträumt – aber anders. Hier wird Theater gespielt – auch anders. Hier wird gelebt – ein bisschen wie woanders.

„Die Perspektive war und ist die ländliche. Und die Stoffe kommen in der Regel aus der Region", sagt der Hurm, und das bisherige Programm von über 50 Produktionen in der Vergangenheit geben ihm recht: Vom Anfang mit *Semmer Kerle oder koine* von 1981, über *Nacht oder Tag oder Jetzt – eine Hexengeschichte von der Schwäbischen Alb* von 1984, über drei Hölderlin Projekte, dem *Polenweiher* von Thomas Strittmatter, 1988, *Jerg Ratgeb, Maler* von 1990, *Bauern sterben* von Franz Xaver Kroetz, *Woyzeck. Winter '92, Der Entaklemmer* von 1994, bis hin zur *Melchinger Winterreise* von Peter Härtling 1997 und *Schwabenblues – Mei Feld ischt d'Welt* von 2005. Und zuletzt im Herbst 2007: *Die Geierwally*. Eine ‚Art Volksmusical' von Heiner Kondschak nach dem Roman der Wilhelmine von Hillern. Die Geschichte ist bekannt: Es ist der Kampf einer starken Frau in einer durch und durch patriarchalischen Welt. Zuerst der Kampf gegen den übermächtigen Vater, dann das stolze Beharren auf

Eigenständigkeit gegenüber dem Geliebten und der gesamten männlich dominierten Umwelt, wie das Felix Mitterer einmal zusammengefasst hat. Ein Stoff geschaffen wie für die Lindenhöfler. Das, was sie daraus machen ist nicht nur sehenswert, sondern mit bewährten und über die Jahre hinweg erfolgreich erprobten Lindenhof-Mitteln erzählt. Die Phantasie ersetzt in dieser Inszenierung den einfältigen Naturalismus. Witz, Sentimentalitäten, Minimalismus und Andeutung der Regie von Heiner Kondschak und den Darstellern (allen voran die bezaubernde Geierwally-Darstellerin Gina Maas) lassen der Vorstellungsgabe des Zuschauers genügend Raum, um in diesem gezeigten Bergweltkosmos seinen Platz zu finden und ein Teil zu werden. Mit ebenso einfachen wie ästhetischen Mitteln reißt eine sinnlich-poetische Welt die Scheune auf, die staunen macht: Ein Saxophon ist ein Geier, ein Kopftuch eine alte Frau, ein Holzscheit ein Brand. Eine Kommode wird zum Kachelofen, der Kachelofen zum See, ein Büffet zum Fenster, ein Stuhl zum Kutscherbock, ein Nachtkästchen zum Hackklotz, dann zum Sarg. Ein Blick ist ein Begehren. Ein Kuss eine Liebe. Klarinette, Klavier und Geige, ein Konzert voll bezaubernder Stimmungen. Ein Tisch, ein Schemel und ein Schild – ein Bühnenbild. Eine Scheune eine (Berg-)Welt. Die Welt Theater. Theater Leben. Leben ein Erlebnis. Herrlich!

Das spricht sich natürlich herum. Nicht nur in Bezug auf *Die Geierwally*, auch auf alle anderen Stücke und Produktionen der Lindenhöfler. Die Folge sind 300 Spieltermine im Jahr, viele ausverkaufte Veranstaltungen und Theaterpreise zuhauf; dreimal bekamen sie den Theaterpreis der Stuttgarter Zeitung, den Hölderlin-Preis der Stadt und Universität Tübingen, den Volkspreis des Landes Baden-Württemberg und diverse Auszeichnungen beim Festival *Politik im freien Theater*. Mehrfach wurden die Aufführungen des Theaters auch für das Fernsehen aufgezeichnet. Die künstlerische Reputation wuchs über die Jahre hinweg und auch die Ökonomie wurde sattelfest. 16 Personen verschafft das Theater Lindenhof heute Lohn und Brot. Dabei ist der Lindenhof langsam und beständig ein Stück Heimat geworden. Für die Lindenhöfler, den Zellmer, Hurm und die anderen. Und für die anderen, die Zuschauer, die in Scharen kommen, als hätten sie das Stück Heimat woanders lange schon verloren und fänden es ein Stück weit hier, auf der rauen Alb, hoch oben in Melchingen, dem Himmel sehr nahe wieder. „Wir haben es geschafft, die Leute über unsere Art Theater zu machen zu begeistern, über das, wie wir Stoffe aufbereiten, dass die Leute sagen, das gehört zu dieser Region. Es ist eine starke Identifikation mit diesem Theater. Ich glaube den Leuten gefällt die Art wie wir Theater machen. Die Regionalsprache spielt sicher auch eine Rolle, der Dialekt. Die Leute wollen auch unterhalten werden, einen schönen Abend haben und dafür stehen wir", sagt der Hurm eingefärbt in den Dialekt, die Worte wie Bauklötzchen aneinanderreihend, und verabschiedet sich dann für die Länge einer Zigarette nach draußen, weil die Luft innen drinnen in der Gastwirtschaft staatlich verordnet sauber bleiben muss. „Ich komm mit", sagt der Zellmer und folgt dem Wegbegleiter vor die Tür, auch ohne Zigarette im Mund, und lässt noch einen Satz zum Mitschreiben zurück: „Es gibt hier einen lebendigen Kontakt zwischen Theatermacher und Publikum." Stimmt. Und zwischen den Theatermachern untereinander.

Der Erfolg kam, die Auseinandersetzung blieb. Untereinander, mit den Stoffen, der Erzählweise, dem Profil, der

Positionierung. „Die Palette, auf der wir malen, ist gefunden. Natürlich kann man immer wieder anders mischen, neue Farben hinzugeben. Ich glaube, wir müssen dieses Theater nicht mehr neu erfinden, wir können es nur weitertreiben", sagt der Hurm zurück von draußen, mit dem Rauch in den Lungen. Man sieht ihm an, dass er darüber lange nachgedacht hat und noch nicht zu Ende ist, mit dem Denken. Vor allem über das „Weitertreiben".

Im Jahre 2001 verzichtet der Zellmer auf die Intendanz, „um auch wieder ein bisschen mehr Leichtigkeit und Spielerisches" zurückzuerlangen, das er offenbar in all den Jahren, irgendwo ein Stück weit auf dem Weg nach Melchingen hoch oder runter (vermutlich in den vielen Amtsstuben und Gremien zur Sicherung der Zukunft, vor allem der ökonomischen, des Theaters), verloren und aufgegeben haben musste. Außerdem wollte er „nicht den Millowitsch geben." Verständlich. Er wird zum Präsidenten des Theaters ernannt, während der Hurm zum Intendanten aufsteigt und von nun an die Geschicke des Theaters lenkt. Unterstützt von Stefan Hallmeyer und Franz Xaver Ott. Ein Triumvirat mit einem starken Prinzipal. Oder besser: eine Viererkette die, aus der Tiefe der Bühne kommend, nach vorne spielt und bei der jeder fähig ist, Tore zu schießen.

„Und wie geht es weiter?" Sie denken nach, der Hurm und der Zellmer. Der Präsident und der Intendant. Die Spielmacher und Strategen. Die Freunde. „Das Gefundene möglichst überraschend weiterentwickeln für unser Publikum", sagt der Hurm, rückt die schwarze, leicht schiefe Brille zurecht und der Zellmer nickt. „Auf der anderen Seite aber auch, über neue Regisseure und neue Schauspieler wieder neue Reibungen finden für das Theater und gleichzeitig eine Auseinandersetzung über neue Erzählweisen des Volkstheaters", sagt der Hurm und schließt den Gedanken ab mit: „Das sind die Aufgaben der nächsten Jahre." Sie gucken sich an und verstehen sich, auch wenn sie nichts sagen.

„Und der Neubau!", sagt dann doch noch der Zellmer und lacht. Es klingt befreiend, aber auch ein bisschen spitzbübisch. So muss er gelacht haben, als er das erste Mal merkte, dass dieser Theatertraum von der Schwäbischen Alb Realität zu werden scheint. Während jetzt der Hurm nickt. So im „Jahr 2011 oder '12" wollen sie dann zum Festsaal, wo vor allem die Kleinkunst ihr Domizil hat und der Scheune, vom Hurm liebevoll ‚Bauerndom' tituliert, eine weitere Spielstätte hinzufügen. Einen Theaterraum, der anders ist als die zwei bestehenden, abstrakter, moderner, nicht ganz so verortet durch die Wände, die ihn umgeben, im Hier auf der Alb, aber doch im Jetzt der Zeit. Vielleicht eine Art „städtischer Raum auf dem Dorf". Da ist sie wieder, diese Besessenheit, dieser schwäbische Größenwahn und jene älblerische Dickköpfigkeit vom Beginn der Lindenhof-Ära; damals kauften sie die Linde auch wegen der großen Scheune und schon mit der Idee im Kopf, sie ein Jahrzehnt später zu einem Theaterraum umzubauen. Das nennt man visionär oder einfach auch ein bisschen auf höchst sympathische Weise ‚plemplem'. Formal wird mit dem Bau im Garten des Lindenhofs sicher Neuland betreten und eine Weiterentwicklung erfolgen, und bestimmt werden auch inhaltlich neue Akzente gesetzt. „Die Kunst ist nur dann nützlich für den Menschen und die Gesellschaft, wenn sie zum Handeln drängt. Und Handeln umfasst das Spektrum von Brot und Politik und Sein", sagte einmal Peter Brook. Hätte auch der Hurm sagen können. Oder der Zellmer. Oder beide. Oder keiner – denn sie verstehen sich auch so.

Im Garten pflanzte Bernhard Hurm zu Beginn der Lindenhof-Ära drei Birken. Jetzt, fast 30 Jahre später, sind sie haushoch. Wie die Zeit vergeht, möchte man in den Himmel guckend denken; Bäume wachsen, Menschen werden älter und auch das Theater Lindenhof ist größer und erfahrener, ja, auch etablierter geworden, und hat dennoch, so wie es scheint, die Spontaneität und Frische, die Unbekümmertheit und Risikobereitschaft und vor allem auch den Schalk der Jugend nicht verloren. Gut so. Weiter so. Immer so. In der Nacht. Am Tag. Jetzt.

„Wiedersehen!"

Nur ein Stück Holz und doch das ewige Leben

Die Maske verbirgt also nicht nur das Gesicht, sondern verändert auch die Stimme des Trägers, sodass der Narr für ein paar Tage, der Narrenfreiheit freien Lauf lassend, in völliger Anonymität abtauchen kann.

Die Schömberger Fasnet, ein Schnitzer mit Hang zum Buddhismus und zur Sonne Spaniens

Im Laden hinter der großen Scheibe ist Licht. Die Tür ist verschlossen. Ich klingle. Niemand öffnet. Es ist schon dunkel am frühen Abend in Schömberg, am Rande des Zollernalbkreises. Nicht weit von Rottweil entfernt. Ich gehe, mich in der Dunkelheit orientierend, um das Haus herum, drücke einmal ganz kurz und zaghaft auf die spärlich beleuchtete Klingel an der Haustüre. Auf dem Schuhabstreifer ist das Yin und Yang Zeichen abgebildet. Ein Hund bellt. Eine junge Frau, vielleicht 15, 16 Jahre alt, öffnet die Tür. Der Hund zeigt sich interessiert, wedelt mit dem Schwanz und springt mehrmals an mir hoch. Die Frau weniger. „Der tut nichts", sagt sie, verabschiedet sich und geht an mir vorbei. Der Vater kommt aus dem Keller. Rudolf Schmidberger, der Schnitzer. Der Maskenschnitzer. Neben dem Pferdeschwanz ist das auffälligste an dem kleinen Mann mit dem Schnauzbart das gelbe T-Shirt mit der Aufschrift: *Gottes schönste Gabe: der Schwabe.* Ist das Selbstbewusstsein, Größenwahn, oder Ironie?, denke ich. Von allem ein bisschen – vielleicht.

Herr Schmidberger zeigt mir zuerst den kleinen Laden im Einlieger-Keller mit der großen Frontscheibe als Schaufenster. Es ist kalt in dem höchstens 20 Quadratmeter großen Verkaufsraum. Es wirkt unwirtlich. „Des isch des Reich meiner Frau", sagt er, fast wie nebenbei, als würde das einiges entschuldigen, und ich sehe Stoffe, Messingschellen, Narrenkleider, Fransen, Hüte und alles, was sonst noch zur ‚Fasnet' oder hochdeutsch zum Fasching benötigt wird. Ein

schönes, ein buntes, wenn auch ein kaltes Reich, denke ich und dann an die Fasnet, die in Schömberg nicht nur im Leben der Schmidbergers eine große Rolle spielt, sondern vor allem auch in der schwäbisch-alemannischen Tradition. Wobei die Schömberger Fasnet in den Chroniken des 18. und 19. Jahrhunderts kaum auftaucht. Erst 1922, mit der Gründung der Narrenzunft, spielt sie auch eine ernstzunehmende verbriefte Rolle. Im Zweiten Weltkrieg dagegen gab es auch für die Narren hier nichts zu lachen. Die Fasnet fand von 1940 bis 1948 nicht statt; zum einen wurden viele Narren an der Front zum sprichwörtlichen Narren gehalten, zum anderen gab es für die verbliebenen Schömberger zu Hause keine Genehmigung für die Fastnachtsfeierlichkeiten. Auch 1991, während des ersten Golfkrieges, wurden, in Anbetracht der dramatischen weltpolitischen Situation und durch öffentlichen Druck, sämtliche Veranstaltungen und Umzüge abgesagt. Heute boomt die Fasnet mehr denn je. Es sind um die 1500 registrierte Narrenkleider, die im katholischen Schömberg, bei 4500 Einwohnern, alljährlich zur lustbetonten Ausgelassenheit schreiten. (Argwöhnisch von den umliegenden protestantischen Gemeinden beäugt.) Unter diesen, in Schömberg verbreiteten Narrenkleidern gibt es zwei Hauptfiguren. Zum einen das ‚Fransenkleidle‘ oder auch ‚Fransennarr‘ genannt, das aus einer geschlechtslosen Glattlarve besteht, aus einem Kleid, das heutzutage aus kostbarem Samt angefertigt ist und auf dem in senkrechten und geschwungenen Linien farbige Fransen aufgenäht sind. Die Kopfbedeckung ist ein mit bis zu 80 Kugeln aus Gobelinwolle bestickter Hut (auch ‚Wollebobbel‘ genannt), aus dem drei Büschel aus ausgesuchten Hahnenfedern ragen und wie Antennen in der Luft nach Orientierung fahnden.
Dem farbenfrohen Fransenkleid steht zum anderen die

zweite Hauptfigur der Schömberger Fasnet, der *Fuchswadel,* der der Familie der Weißnarren zuzurechnen ist und aus dem Umfeld der ,Commedia dell'Arte' stammt, gegenüber. Dabei handelt es sich ebenfalls um eine Glattmaske, umgeben von einem geflochtenen Haarkranz aus Werg oder Hanf, an dessen Ende ein kleiner Spiegel angebracht ist, mit dem der Fuchswadel der hiesigen Bevölkerung den sprichwörtlichen Spiegel vorhält. Am Ende des Larventuches sind zwei bis drei Fuchsschwänze befestigt, die auch dem Fuchswadel den Namen geben. Das Kleid ist aus weißem Leinen, das kunstvoll mit Motiven aus der Märchenwelt bemalt ist und an dem Glocken hängen, das ,Gschell', das bis zu 15 Kilogramm wiegen kann. Viel schwerer noch als Gschell und alles andere wiegt in Schömberg aber die Kunst der Maskenschnitzerei, da mit zunehmendem Fasnetbrauch auch die Bedeutung und die Verantwortung der Maskenschnitzer kontinuierlich steigen. Ungefähr 100 Schnitzer gibt es im Umkreis der schwäbisch-alemannischen Fastnacht, die in den südlichen Landesteilen von Baden-Württemberg beheimatet ist, die zwischen Brauchkunst und Gebrauchskunst hin und her oszillieren und sich dabei ab und an auch mal zum Narren machen.

Herr Schmidberger führt mich vom Laden, dem bunten, kühlen Reich seiner Frau, eine Tür weiter zur Werkstatt. Seiner Werkstatt. Kaum ist die Tür der Werkstatt einen Spalt weit geöffnet, zieht schon ein beruhigender, warmer Geruch in den Flur, umtänzelt werbend die Nase, als wollte er den Besucher in *sein* Reich locken, in das ganz andere Herrschaftsgebiet von Rudolf Schmidberger. „Des isch Lindenholz", sagt Herr Schmidberger, als ahne er die Gedanken in meinem Kopf. Ja, es riecht nach Holz, nach Farbe, nach

Leim, Lack und vor allem nach handwerklicher Arbeit. Und nach Erinnerung: an den Holzofen zu Hause im ostalbschwäbischen, in der Kindheit; die knackenden Scheite und die wohlige Gebärmutterwärme nahe am geöffneten Ofentürchen, an die züngelnden Flammen, die auf dem Gesicht vor Hitze roten Backen und die Ahnung einer Sünde hinterließen. Die Werkstatt ist, nicht nur in Gedanken, olfaktorisch eine Insel, ein geruchlicher Holz-Palast; auch visuell liegt zwischen Laden und Werkstatt ein Universum. Hier herrschen vor allem Braun- und Beige-Töne vor und eine Welt, die der draußen, vor der Tür, weitgehend entrückt zu sein scheint. Es ist ein eigenwilliger Kosmos, der nicht so recht in diese hochtechnologische Zeit von heute passen will. Eine Welt der Stechbeitel, der Schnitzermesser, der Holzhammer, auch ‚Knüpfel‘ oder ‚Klüpfel‘ genannt und des allgegenwärtigen Holzes. Des Lindenholzes. Überall Lindenholz, leicht, aber dennoch stabil. Ideal zum Verarbeiten. Von Holzresten, über Holzspäne, bis zum Holzstaub und den Holzquadern ist alles – Werkbank, Boden, Maschinen – bedeckt von diesem beruhigend wirkenden Material. Als Quader – gerade mal 35 × 20 × 13 Zentimeter groß – aus denen später die Masken geboren werden, liegt das Lindenholz aufeinander gestapelt unter der Werkbank. „Sieba bis zehn Jahr müsset dia trockna“, sagt Herr Schmidberger und zeigt auf die Scheite, die wie Goldbarren andächtig wartend, mit der Ruhe unendlicher Zeit, bedächtig aufeinander liegen. „Sche langsam, sonscht reißt's.“ Er muss es wissen. Seit achtzehn Jahren versucht er das Lindenholz daran zu hindern, dass es reißt. Seit 18 Jahren schnitzt Herr Schmidberger aus dem Lindenholz Masken, die hier in Schömberg ‚Larven‘ heißen, als ob daraus irgendwann noch etwas anderes werden würde: ein Schmetterling, ein Narr, vielleicht. Angefangen hat der heute 50-Jährige aus einer Laune heraus. „Für d' Tochter a Püpple". Und dabei hat er gemerkt, dass es Spaß macht und mit zunehmender Zeit und proportional dazu ansteigender Schnitzerleidenschaft auch die Schwierigkeit und der Reiz der Herausforderung wuchsen. „Des isch alles Handwerk, des ka ma lerna!" Und er lernte, stetig, er lernte durchs Tun, schnitzen durchs Schnitzen. Meisterbriefe und Gesellen gibt es unter den Maskenschnitzern nicht. Man kann es, oder man kann es nicht. Wenn man es nicht kann, aber können will, muss man es eben lernen. Legt Herr Schmidberger die ersten Masken, die er vor vielen Jahren geschnitzt hat, neben die heutigen, so fällt auch dem Laien der Unterschied auf wie Tag und Nacht. Himmel und Hölle, Yin und Yang. Oder Schmetterling und Raupe. Buddha und Butterbrot. „Scho verschieda, ha?", sagt der Profi und scheint auch ein wenig stolz darauf zu sein, was aus den dilettantischen Anfängen geworden ist: große Kunst. „Ha wa, des isch koi Kunscht", sagt Herr Schmidberger und besteht darauf, dass alles, was er macht Handwerk ist. „Ond Routine!" Meinetwegen.

Immer wenn der gelernte Elektromeister von der Arbeit nach Hause kommt, verdrückt er sich in den Keller und in seine Werkstatt, als ob er nachgerade der Familie – Frau, Hund, Kind – aus dem Wege gehen wollte und schnitzt. Und schnitzt. Immer anspruchsvollere Larven entstehen. „Da isch so eine", sagt er und zeigt auf eine, die nahezu perfekt anmutet und neben dem Radiogerät, das leise vor sich hindudelt, liegt. Schön, sehr schön, denke ich und sehe im Regal aber auch welche, neben einem Selbstporträt des Schnitzers an der Wand, die weniger schön sind. Es sind Figuren. Hässliche Figuren: Zwei Madonnen, ein Ochse, ein

Feuerwehrmann und fünf aufrecht stehende Männer mit Hut, die sich gleichen, als wären es eineiige, gräuliche Zwillinge. „Die hab i aus'm Internet", sagt Herr Schmidberger ganz nebenbei, öffnet eine Schublade, holt eine Zigarette heraus und zündet sie an. „Des send älles Muschter!", fügt er hinzu, meine verwunderten Blicke bemerkend, als wollte er deren Unansehnlichkeit entschuldigen. Auch die Bandsäge im Hintergrund der Werkstatt zeigt, dass wir nicht mehr im 18. Jahrhundert sind, sondern dass sich auch hier ein Stück weit die Moderne ihren Platz erobert hat. Der größte Fremdkörper auf dieser urigen, einer anderen Zeit entlehnten Bühne, scheint aber eindeutig der Pin-up-Kalender, mit einem barbusigen Model, an der Wand zu sein. Die rechte Brust der Dame verziert eine echsenartige Tätowierung. Herr Schmidberger bläst den Rauch der Zigarette, in ähnlich schlängelnden Formen, in die wohlriechende Werkstattluft und bemerkt meine kurzzeitige Irritation. Er schmunzelt ein wenig verlegen und verweist dann, als wollte er von der Nackten mit der tätowierten Echse ablenken, auf die Werkbank, wo eine Hand voll Larven liegen, die Masken, die Gesichter, als hätte sie eine fremde Gottheit, auf Stippvisite in weltlichem Territorium, hier abgelegt. Als Anstoß der Bewunderung. Unerschütterlich liegen sie da, in sich ruhend, fernöstlich anmutend, mit einem Lächeln wie Buddha. Alle fast fertig. Sie blicken einen an, als wüssten sie Bescheid – über den Betrachter, den Schnitzer, alles. Ein Spiegel der eigenen Seele. Und dennoch, so scheint es, sehen sie aus als würden sie anmutig und verschwiegen ein Geheimnis bewahren, hinter den mit feinen, schwarzen Pinselstrichen umrandeten Augen, ein Geheimnis, das den, in der fast 5000 Einwohner großen Gemeinde Schömberg bekannten, zukünftigen Träger auf einen Schlag anonym werden lässt. Die

Maske verbirgt die Identität, schützt den Träger und macht alle nahezu gleich. Fasnet als demokratischer Akt. Bis dahin sind aber ungefähr 20 bis 30 Stunden von Herrn Schmidbergers Kunst oder Handwerk gefragt. Solange dauert es nämlich, bis eine Larve tragfähig und fertig ist.

Zuerst wird mit einem Stift auf einen Lindenholzquader eine Larvenskizze gemalt. Anschließend wird der Umriss vorsichtig mit der Bandsäge ausgesägt. Dann erst fängt die eigentliche Schnitzerei an. Von nun an wird das Holz nur noch mit Hammer und Eisen bearbeitet. Zuerst entsteht die Stirn, dann Nase und Wangen; beharrlich, im gleich bleibenden Rhythmus des Klüpfel. Dabei kommen immer feinere Messer zum Einsatz; für jede Schnitttiefe und Schnittbreite gibt es eine spezielle Größe, sodass schließlich bis zur fertigen Larve ungefähr 40 verschiedene Arbeitsutensilien zur Anwendung kommen. Wobei es natürlich immer besser ist, möglichst wenige Messer anzusetzen, sodass der Schnitt am Ende feiner aussieht. Sind alle Schnitzermesser beiseite gelegt, wird die Larve innen ausgehöhlt, sodass schließlich nur noch eine Larvenwand von 5 bis 7 Millimeter Dicke übrig bleibt. „Dia Larv soll et bloß leicht sei, sondern au guat klinga", sagt Herr Schmidberger und hält sich eine der fertigen Masken vors Gesicht. Und tatsächlich, auch die Stimme verändert sich, ist nicht mehr wieder zu erkennen, wird gänzlich anders. Die Maske verbirgt also nicht nur das Gesicht, sondern verändert auch die Stimme des Trägers, sodass der Narr für ein paar Tage, der Narrenfreiheit freien Lauf lassend, in völlige Anonymität abtauchen kann. Wenn auch die Aushöhlung erfolgreich beendet ist, wird die Larve mit Schleifpapier abgeschliffen, dass sie sich so fein anfühlt wie höchstwahrscheinlich der Hintern des Pin-up-Girls an der

Wand. Anschließend wird grundiert, abermals abgeschliffen und wieder grundiert, bis schließlich die Farbe aufgetragen werden kann. Rot für die Wangen und Nasenspitze. Dann kommen Augenbrauen, Wimpern und Lippen dran. Schließlich blickt die Larve den Betrachter fertig und unergründlich an, als wäre sie fernab, oder erst gar nicht von dieser Welt. Vielleicht spiegelt sich aber auch in diesem Antlitz ein Gedanke an eine andere wieder. Womöglich ist es das, was Herrn Schmidberger daran interessiert. Die andere Welt. Die Fremde. Das Jenseitige. Die Inkarnation. Das Nirwana. Er lacht. Die Assoziationen hinterlassen auch bei mir ein Schmunzeln. Und dennoch: Der Buddhismus hat es ihm, neben den Masken, ebenfalls lange schon angetan. Alles Fernöstliche wie es scheint. „Der Buddhismus isch mir näher als des Katholische", sagt er, mitten im Katholischen, und guckt, als wollte er die Reaktion – eine Mischung aus Erstaunen und Skepsis – beim Gegenüber überprüfen. „Viel näher." Erfahrungen mit Yoga und Atementspannung hat er auch, wie er sagt, und für Momente überlege ich, ob das alles so stimmen kann, oder ob es vielleicht doch vielmehr dem Schalk in seinen Augen geschuldet ist. „Damals in Sri Lanka", fügt er hinzu und es klingt wie das Gesicht der Larve, die er jetzt in der Hand hält: geheimnisvoll. Wie zur Bestätigung taucht eine kleine, geschnitzte Buddha-Figur in meinem Gesichtsfeld auf. Der Minibuddha scheint nicht so richtig gelungen zu sein. „Figura kann i et", bestätigt Herr Schmidberger meinen Eindruck, nimmt den Buddha aus dem Regal, wiegt ihn in der Hand, stellt ihn sogleich wieder zurück und schmunzelt. Stimmt. Seine Spezialität sind die Larven.

Die Tür geht auf und eine elegante, in einen schwarzen Hosenanzug gekleidete Frau steht in der Tür des knapp

15 Quadratmeter kleinen Kellerraums. Frau Schmidberger, die in diesem vornehmen Outfit gar nicht zu dem einen halben Kopf kleineren Schnitzer zu passen scheint. Im Übrigen so wenig, wie in dieses doch eigenwillige Ambiente aus eintönigem Braun und betörendem Holzgeruch. „Rudolf kommsch du schnell moal, da isch jemand wega'na Larv da."

Wieder ein neuer Auftrag, denke ich, während Herr Schmidberger in Gefolgschaft seiner Frau, ein wenig zögernd, die Werkstatt verlässt, um dann wenige Minuten später mit der Kundin zurückzukommen. Details werden besprochen. Das Wichtigste: Bis zur nächsten Fasnet muss die Maske fertig sein. Eine Maske kostet zwischen 200 und 400 Euro, je nach dem wie aufwändig die Schnitzerei ist und wie groß der Zeitaufwand. Ein komplettes Fransenkleid kostet um die 3500 Euro.

Nachdem die Frauen die Werkstatt wieder verlassen haben, sagt der in Schömberg geborene Rudolf Schmidberger, dass es ihm hier in Schömberg auf der Südwestalb eigentlich viel zu kalt sei. Man könnte denken, dass auch das ein Grund wäre, weswegen er sich so oft in die warme, nach wohligem Holz riechende Werkstatt zurückzieht. Wenn es dann draußen, vor allem im Sommer, doch mal warm ist und die Sonne scheint, bleiben die Messer liegen und Herr Schmidberger meidet den Keller wie der Teufel das Weihwasser. Gut, dass es in Schömberg mehr kalte als warme Tage gibt, muss ich beim Anblick der vielen schönen Masken denken. Herr Schmidberger dagegen scheint ganz anderes zu denken. „In fünf Jahr bin i weg", sagt er und sieht dabei so aus, als meine er es ernst. „Und wo wollen Sie hin?", frage ich, während mein Blick einmal mehr auf der Schwaben-Aufschrift seines

T-Shirts hängen bleibt. „Ins Warme", sagt er, ohne zu zögern, „Nach Spanien", als hätte er sich das lange und gut überlegt. „Teneriffa!"

Teneriffa – da gibt es all das, was es in Schömberg nicht gibt: Drachenbäume, kanarische Kiefern, Wale, Vulkane, Wasser bis zum Horizont, Pyramiden von Güimar und die größte Papageiensammlung der Welt. Und vor allem milde Temperaturen, ganzjährig, aufgrund der südlich der Rossbreiten entstehenden Nordost-Passatwinde. Teilweise können auch Hochtemperaturphasen mit mehr als 35 Grad auftreten. Zwischen täglich durchschnittlich 5,5 Sonnenstunden im Dezember und 10,9 Sonnenstunden im Juli ist das Klima ziemlich ausgeglichen. Da kann Schömberg nur davon träumen, und die Schömberger, auch Herr Schmidberger. Und ich. Wir beide, für Momente in der aufgeheizten Werkstatt in Schömberg, bei Außentemperaturen knapp um den Gefrierpunkt, im Oktober. Aber nicht lange, denn ganz in Gedanken verstrickt geht plötzlich die Tür erneut auf und Schmidbergers Frau steht wieder in der Werkstatt, als hätten die Wände Ohren. Die Träume Mitwisser. Vielleicht bedarf aber auch die Entschlossenheit des Mannes einer kleinen, weiblichen Korrektur. Frau Schmidberger scheint bei dem Gedanken, Haus und Hof für immer verlassen und gegen das mediterrane Insel-Klima eintauschen zu müssen, nicht ganz so überzeugt. Sie räumt, mit drohendem Blick zu ihrem Mann, ein, dass die Verbindungen und Wurzeln in die Heimat immer aufrechterhalten werden würden. „Wenn's nach ihm ganga dät, werat mr scho lang weg", sagt sie und zeigt auf ihren Mann, der milde dazu lächelt, als wäre er in Gedanken noch immer nicht zurück, und eine weitere Zigarette anzündet, während die Frau die Werkstatt wieder verlässt.

„Gibt es auf Teneriffa auch eine Fasnet?", frage ich.

Herr Schmidberger lacht herzhaft und schüttelt den Kopf, als wollte er sagen, dass das Leben da unten so anmutet, als wäre das ganze Jahr über Maskenball. Helau! Alaaf!

„Ade!"

Auch ich beschließe zu gehen. Das Radio spielt noch immer leise im Hintergrund, als wollte es nicht stören. Madonna singt und ich denke: Ist das jetzt Zufall oder wer führt hier Regie? „You only see what your eyes want to see / How can life be what you want it to be." Und dann denke ich an die Echse, das Pin-up, Teneriffa, an die größte Papageiensammlung der Welt, an Buddha, Gottvater und die Schwaben. „You're frozen when your heart's not open …" –

Genau.

„Machet ses guat", sagt Herr Schmidberger und begleitet mich von der warmen madonnageschwängerten Werkstatt in den kalten Laden und da bis zur Tür.

„Sie auch."

Ich gehe. Zurück bleibt der kleine Maskenschnitzer mit dem gelben T-Shirt und dem Hang zum Buddhismus, mit einem ausgeprägten Faible für die spanische Sonne. Gut vorstellbar, dass er in fünf Jahren von hier verschwunden ist, denke ich, mit oder ohne Frau, während ich den dunklen Weg durch den Garten, nach oben bis zur Straße hin zurücklege. Oben angekommen bleibe ich kurz stehen und drehe mich um. Herr Schmidberger ist nicht mehr zu sehen. Nicht vorstellbar dagegen ist, denke ich, dass er aufhört, den Lindenholzquadern ewiges Leben einzuritzen. Zufrieden steige ich in das kalte Wohnmobil, denke wie er an wärmere Tage und fahre davon.

Flüchtige Begegnung (2)

„Wer bisch du?", fragt ein vielleicht 8-jähriges Mädchen, irgendwo am Straßenrand zwischen Tieringen und Hossingen, mit dem Schulranzen auf dem Rücken auf dem Weg in die Schule, die Hände tief in den Hosentaschen vergraben.

„Dr Albschreiber!", sage ich, um Freundlichkeit bemüht ihren Dialekt nachahmend.

Sie guckt erstaunt und lacht dann, fast verlegen, wie man lacht, wenn man nicht genau weiß, warum – vermutlich über die fehlerhafte Aussprache meinerseits oder über das komische Wort, das ihr gänzlich fremd zu sein scheint. Dann schweigt sie und sieht dabei so aus, als würde sie überlegen. Offenbar versucht sie, das imposante Wohnmobil, mich und das Wort, das sie vermutlich noch nie zuvor gehört hat in ihrem kleinen, von geflochtenen Haarzöpfen umrandeten Kinderkopf irgendwie zusammenzubringen. Das scheint wiederum nicht ganz einfach zu sein. Zumindest lässt ihr Gesicht erhebliche Anstrengung vermuten. Die Stirn kräuselt sich schuhbändelgleich und zwischen die Augenbrauen schieben sich zwei tiefe, vertikale Falten, in denen sich der Zweifel häuslich eingerichtet hat. Sie sagt noch immer nichts. Ich auch nicht. Überlege ebenfalls. Ich denke: Was wird das Mädchen wohl denken? Dann endlich, nach einer Weile, die mir so lange anmutet, als ob ein ganzes Universum darin versinken möchte und in der mich das Mädchen mit ihren Augen abscannt, als wäre ich ein in Zellophan verpacktes Stück Schwarzwälderschinken auf einem Supermarktförderband ohne Strichcode, sagt sie unsicher zwischen Frage und Erkenntnis schwankend: „Schreibsch du dia Alb?"

Ich bin erstaunt. Irritiert. Ich lache, fast verlegen, wie man lacht wenn man nicht genau weiß, worüber. Ich überlege. Schweige und denke dann: Ja, das wär's! Die Alb, die ganze Alb einfach neu schreiben, Buchstaben für Buchstaben, Satz für Satz neu zusammensetzen, einfach alles von Beginn an noch einmal mit Worten komponieren. Die Alb! Ich überlege wie das aussehen könnte, die Alb, von mir geschrieben, von mir neu erfunden, aufs Papier und die Welt gebracht. Was gäbe es da, was es jetzt nicht gibt? Den Fernsehturm vom Berliner Alexanderplatz inmitten der Wacholdersträucher auf dem Heuberg, damit man hoch oben von der Plattform aus bis nach Italien gucken könnte. Und noch weiter. Die Notre Dame von Paris in Albstadt, gleich neben den Xingles. Das Stuttgarter Staatstheater auf der Burg Strassberg. Das mediterrane Wetter Süditaliens sommers in Hechingen. Den Münchner Viktualienmarkt in der Balinger Fußgängerzone. Meeranschluss am Schlichem-Stausee. Die Filmfestspiele von Venedig in Bad Imnau. Den VFB Stuttgart in der Champions League gegen Real Madrid im Albstadion bei freiem Eintritt ... Als ich mir gerade gedanklich die Wiener Staatsoper ins Haigerlocher Schloss verlege, bemerke ich, dass das Mädchen verschwunden ist. Sicher hat sie gedacht: komischer Kerl, dieser Albschreiber, und wenn *der* die Alb schreibt, kann ich das allemal. Bestimmt sitzt sie jetzt schon in der Schulbank und schreibt mit ihrer schönen, unbeholfenen Kinderschrift in ihr liniertes Schulheft ... *die Alb*. Recht so!

Hier boxt kein Papst,
hier catchen keine Nonnen

Was anderes käme für ihn nicht in Frage. Auch nicht der allzeit beliebte Terminjournalismus, morgens von einer Pressekonferenz zur anderen, wobei jeder was vermeintlich Wichtiges zu melden hat. „Das ist für mich wie eine Milchtüte im Regal von links oben nach rechts unten stellen. Da geschieht nichts wirklich Kreatives", sagt Herr Heck und nimmt das Telefon ab.

Herr Heck, Herr Vinayak und die Sache mit dem Journalismus

Herr Vinayak sitzt an seinem Schreibtisch in Bangalore, Indien, und guckt in seinen Computer. Er hat gerade eine E-mail von Herrn Macpherson, dem Herausgeber der Internet-Zeitung *Pasadena Now*, aus Pasadena, Kalifornien, Amerika geöffnet. In der elektronischen Nachricht ist die letzte Stadtratssitzung aus dem Rathaus von Pasadena nachzulesen. Pasadena ist eine Stadt mit knapp 140 000 Einwohnern am Fuße der San Gabriel Mountains in der Nähe vom *Tal des Todes,* in der bei der Fußball-WM 1994 das Finale zwischen Italien und Brasilien ausgetragen wurde. Aus Pasadena kommen die Schauspielerin Kathleen Quinlan, der Schauspieler und Musiker Max Elliott Slade und der Physiker und Nobelpreisträger Albert Abraham Michelson. Herr Vinayak war noch nie in Pasadena. Pasadena ist 9000 Meilen von ihm entfernt. Wahrscheinlich wird Herr Vinayak Pasadena niemals in seinem Leben leibhaftig zu Gesicht bekommen. Muss er auch nicht. Auch ohne jemals in Pasadena gewesen zu sein, schreibt er anhand der E-mail von Herrn Macpherson einen Artikel über die Stadtratssitzung für die Pasadena Now in Pasadena, Kalifornien, USA. Was als journalistisches Experiment anmutet, ist Alltag für Herrn Vinayak. Und für die Leser der Pasadena Now. Es werden nämlich alle Artikel der Pasadena Now von Herrn Vinayak und einem weiteren Kollegen aus Bangalore, Indien, für die Leser in Pasadena, Kalifornien, Amerika verfasst. Das sei die Zukunft des Journalismus, behauptet Herr Macpherson, der Herausgeber, und meint, dass Lokalnachrichten in Amerika von Journalisten in Indien geschrieben werden, weil diese zuverlässiger und vor allem billiger arbeiten als ihre heimischen Kollegen. Auch Herr Vinayak glaubt, dass das die Zukunft sei – zumindest seine eigene.

Nach der Definition von Herrn Macpherson dürfte das, was Herr Heck in Albstadt, Deutschland, tagtäglich vollbringt, eindeutig der Vergangenheit zuzurechnen sein. Und wenn man ganz genau sein will, ist es sogar mehr als Vergangenheit: Es ist ein Anachronismus. Ein lebender Anachronismus. Lernt man Herrn Heck in Albstadt, Deutschland schließlich kennen, weiß man intuitiv, dass es gut ist, dass es diese Anachronismen noch gibt. Gut für Albstadt, gut für den Journalismus und vor allem gut für die Rezipienten respektive Hörer. Denn das, was Herr Heck in Albstadt macht, ist auch Alltag. Und doch ganz anders als der von Herrn Vinayak in Bangalore. Obgleich beide denselben Beruf ausüben. Herr Heck ist Korrespondent – aber nicht in einem Krisengebiet, im Irak, Afghanistan, Sudan oder sonst wo in der Welt –, sondern in der schwäbischen Provinz, im Zollernalbkreis, in Albstadt. (Da gibt es ab und an auch Krisen, aber die sind viel weniger dramatisch als anderswo.) Herr Heck ist Hörfunkkorrespondent in Albstadt und Radioredakteur für den Südwestrundfunk (SWR) Tübingen und gehört, wie es scheint, einer aussterbenden Spezies an. Einer Spezies, die früher einen ganzen Berufsstand geprägt hat und nunmehr in Zeiten von Einsparung und Effizienz gerne wegrationalisiert oder „outgesourct" wird. Nach Indien zum Beispiel. Folglich gibt es ein derartiges Exemplar wie Herrn Heck nur mehr ganz selten. Zum Beispiel in Albstadt.

Mitten in der Albstädter Innenstadt sitzt Herr Heck in seinem kleinen, nicht mehr als 80 Quadratmeter großen Büro mit blauem Teppichfußboden, dazu passenden Polsterstühlen, zwei Schreibtischen und ganz vielen gerahmten Fotos an der Wand, die eine Menge von der Vergangenheit des Senders und der von Herrn Heck zeigen; fast so als ob Herr Heck mutmaßt, dass er und seine Tätigkeit vielleicht auch bald der Vergangenheit angehören könnten. „Zentralisierung ist immer billiger", sagt Herr Heck und fügt hinzu, dass er eigentlich keine direkte Gefahr sehe und dass es von ihm abhänge. Oder, wie es Herr Heck selbstbewusst ausdrückt, „der output entscheidet. Solange der Heck in Albstadt soviel ins Programm zuliefert, dass sich das rechnet, gibt es keine Veranlassung, das Studio einzustampfen." Das Studio, das Büro, wirkt eher wie eine Arztpraxis als ein Sendestudio und eigentlich hat Herr Hecks Tätigkeit auch ein wenig mit der eines Arztes zu tun; nicht mit Stethoskop und Ultraschall, sondern mit Mikrofon und Aufnahmegerät hört er die Befindlichkeiten des Organismus ‚Gesellschaft' ab, versorgt journalistisch die Bevölkerung, klärt auf, berichtet und unterhält. Eigentlich ist das kaum 80 Quadratmeter große Büro auch viel mehr als ein Sendestudio. Es ist die journalistische Schaltzentrale des SWR in Albstadt, im Zollernalbkreis, in der Welt der Albstädter, und alles in einem: Sendestudio, Kaffeeküche, Archiv, Recherchezentrum, Postproduktionsraum, Sekretariat, Dispositionsstube und Besprechungs- und Empfangszimmer für Besucher.

Freundlich und mit einem verschmitzten Lächeln empfängt mich Herr Heck morgens um 9.00 Uhr, bietet ein Leberkäsweckle an und verschwindet sogleich in der kleinen Küche, um Kaffee zu kochen. Er erzählt dabei durch die dünnen

Wände hindurch, wie es kam, dass er in Albstadt gestrandet ist, und wie für ihn vor sieben Jahren diese Außenstelle vom Südwestrundfunk (SWR) geschaffen wurde. Früher schon war Herr Heck, noch von Tübingen aus, im Zollernalbkreis und Kreis Sigmaringen für den damaligen Südwestfunk (SWF) unterwegs, um aus Albstadt und um Albstadt und um Albstadt herum zu berichten. Vom Alltag und vom zum Alltag gehörenden nicht Alltäglichen – von Katastrophen, Skandalen und anderen Schändlichkeiten. Und da es damals ein Landrat aus Sigmaringen besonders katastrophal-schändlich trieb, fuhr Herr Heck fast tagtäglich von seinem Wohnort Winterlingen bei Albstadt ins Studio nach Tübingen und dann wieder zurück nach Sigmaringen, um das Neueste im Fall des über die Stränge schlagenden Landrats (der schließlich den traurigen Ruf erlangte, der erste Landrat in Deutschland zu sein, der seines Amtes enthoben wurde) für die Hörer an den Radiogeräten einzufangen. Das war Mitte der 90er Jahre. Bis zu drei Mal am Tag fuhr Herr Heck von Tübingen in den Kreis Sigmaringen und wieder zurück. Irgendwann ging ihm das dann auf die Nerven „mit 160 über die B 27 nach Tübingen und zurück zu hetzen", und er richtete sich ein kleines Studio im Keller seines Wohnhauses in Winterlingen ein. Als dann 1998 die Fusion von SDR und SWF zum SWR erfolgte, entstand irgendwann die Idee, gar nicht mehr nach Tübingen zur Arbeit zu fahren, auch nicht mehr aus dem Keller zu senden, sondern gleich in Albstadt zu bleiben. Der Rundfunkintendant war schließlich einverstanden und die Dependance des SWR in Albstadt war geboren. „Ich hab das also eigentlich dem kriminellen Landrat zu verdanken", sagt Herr Heck und lacht, dass sein blonder Schnauzbart wackelt. Herr Heck lacht oft, befreiend, ansteckend – Journalismus scheint auch Spaß zu machen. Seit

1991 ist Herr Heck schon beim SWR, davor war er bei einem privaten Regionalsender in Tübingen angestellt, und davor Gymnasiallehrer in Albstadt-Ebingen.

Der Tag beginnt nach dem Kaffee und dem Leberkäsweckle mit der Schaltkonferenz aller Studios des SWR in Baden-Württemberg. Bei dieser ‚Schalte' wird der Tag besprochen, wer, was, wann an Beiträgen liefert oder wer nichts hat. Während die Kollegen aus den Studios Mannheim und Ulm Themen über den Tag der Armut oder den ‚Frederik-Tag' vorschlagen, blättert Herr Heck emsig die regionalen Zeitungen durch, auf der Suche nach Meldungen und Themen, die ihm beim morgendlichen Zeitungslesen entgangen sein könnten. Studio Konstanz hat nichts. Studio Ravensburg auch nichts. Als der Oberkoordinator aus Stuttgart Herrn Heck aufruft, hat Herr Heck dreierlei Themen anzubieten: eine Klärschlammgeschichte, eine Öko-Tagung zu Öko-Standards und die Blauzungenkrankheit bei Schafen. Stuttgart interessiert sich weder für das eine noch für das andere und bekundet Interesse an einem ganz anderen Thema. Ein Vorfall in Meßstetten vor drei Tagen, bei dem sich eine junge Frau nur durch einen waghalsigen Sprung zur Seite vor einem auf sie zufahrenden Wagen retten konnte, hat es denen in Stuttgart angetan. Herr Heck verdreht die Augen – sein journalistisches Gespür sagt ihm offenbar, dass da nichts Neues zu erwarten ist. Dennoch willigt er ein, verspricht, sich darum zu kümmern und hängt sich nach der Konferenz ans Telefon und recherchiert. Zuerst Kripo Albstadt. Herr Heck wählt den kleinen, direkten Dienstweg, ruft beim Kripochef persönlich an – man kennt sich, duzt sich, lacht, philosophiert über Fußball, die Pleite vom letzten Samstag, zieht sich gegenseitig auf und kommt dann schließlich auf den Fall in Meßstetten zu sprechen. Dann Kripo Balingen. „Ist einer der Herren da oder sind alle beim Kaffeetrinken?" Und zuletzt Rathaus Meßstetten. „Was ist denn bei euch da oben los?" Und wie zu erwarten und von Herrn Hecks rollenden Augen vorweggenommen: kein neuer Erkenntnisstand, außer dass eine Beziehungstat ausgeschlossen werden kann, nach einem großen schwarzen Wagen gefahndet wird und dass die Informationen für eine Meldung nicht ausreichen. Wieder telefoniert Herr Heck mit dem Studio in Stuttgart, während sich seine Stirn in Falten legt, er sich mehrmals über den Kopf und den schütteren Haarkranz streicht und dabei eine neue Idee gebärt. Ein weiteres Telefonat mit der Kripo Albstadt erfolgt, um herauszufinden, ob das Opfer, die junge Frau, für ein Interview vielleicht zur Verfügung stünde und den Tathergang aus ihrer Sicht schildern würde. „Dann wäre ein 2-minütiger Beitrag möglich. O-Ton Opfer, O-Ton Polizei", sagt Herr Heck, „dann bekommt die G'schicht a G'sicht." Die Kripo will sich darum kümmern, muss Herrn Heck aber nach weiteren Telefonaten schließlich absagen: Die Frau steht für ein Interview nicht zur Verfügung. Herr Heck nimmt es gelassen, setzt erneut Kaffee auf, checkt die E-mails und macht sich auf die Suche nach einem neuen Thema. Vielleicht doch die Klärschlammverwertungsgesellschaft – während schon wieder das Telefon klingelt. Ständig klingelt das Telefon, surrt das Fax, während im Hintergrund das Programm von SWR 4 läuft. Die Anruferin, eine ältere Dame aus Albstadt, will einen Geburtstagsgruß und einen dazugehörigen Musikwunsch über das Radio loswerden. Das ist nicht Herrn Hecks Ressort. Auch nicht das des Senders und der Sendung, für die er vornehmlich arbeitet. Macht nichts. Er notiert und leitet den Wunsch der Dame an den SWR 1 weiter. „Das ist Service am Kunden", sagt Herr Heck, lächelt und schmeißt dabei unentwegt Zettel in eine grüne Tonne; Themen die im wahrsten Sinne des Wortes in dieselbige wandern. Der Kontakt zur Wirklichkeit scheint das Wichtigste – für Herrn Heck. Was für Herrn Vinayak in Bangalore undenkbar ist, ist für Herrn Heck Normalität und vor allem notwendig. Herr Heck weiß, worüber er berichtet. Er kennt die Albstädter, die Zollernälbler, die Mentalität, ihre Gewohnheiten, ihr Leben, obgleich er selbst aus dem Badischen vor fast drei Jahrzehnten hier „reigschmeckt" ist. Und man kennt ihn. Er ist einer von ihnen, ist in mehreren Vereinen tätig – Fußball, ‚Boßeln' – und im Gemeinderat seines Heimatortes Winterlingen, nur ein paar Ortschaften von Albstadt entfernt, auch politisch aktiv.

(Apropos: ‚Boßeln'; der ostfriesische Nationalsport, bei dem eine Holzkugel in einem Parcours von mehreren Kilometern von den Spielern vor sich her geworfen wird, ist auf der Südwestalb ein Kuriosum; Herr Heck hat das Boßeln für sich und mit anderen für Albstadt entdeckt und ist seither mittendrin beim Boßeln.)

Es geht Herrn Heck in der beruflichen Arbeit nicht nur darum, Informationen zu liefern und Meldungen zu senden. Er berichtet nicht nur über Fakten, Fakten, Fakten. Ebenso wichtig für seine Arbeit sind die Stimmungen der Gesprächspartner, die Atmosphäre vor Ort und unter welchen Umständen welche Aussagen gemacht werden. Das Auge interviewt mit. Manchmal sagen Gesten und Haltungen viel mehr als Worte. Und die lassen sich nicht aus einer elektronischen Mitteilung herauslesen. Dazu muss man schon vor Ort sein und dem Interviewpartner in die Augen sehen. Um nachfragen zu können. Um vielleicht auch das zu hören, was nur ungern gesagt wird. Manchmal muss der Journalist auch Seismograph sein, um auszuloten, was sich hinter der zur Schau gestellten Maske wirklich befindet, oder wie Herr Heck es ausdrückt: „Wir sind die Horchposten vor Ort, die nicht nur am Schreibtisch sitzen und auf den Monitor glotzen, sondern rausgehen." Soll heißen: „Kittel anziehen und raus." Vor allem dann, wenn die Themen nicht einfach so zu einem kommen und bereitwillig sagen: hallo, hier bin ich! „Die Region hat wenig Weltbedeutendes zu bieten, aber viel Eigentümliches, Spezielles und Albspezielles. Es gibt immer etwas zu erzählen", sagt Herr Heck und gestikuliert dabei, als wollte er all das mit den Händen und für die Hände greifbar machen. „Man muss nur manchmal die Perspektive wechseln und Dinge auch fortschreiben."

Das scheint in der Provinz ein wenig anders zu sein, als in den Metropolen. Auf der Südwestalb nicht so wie in der Landeshauptstadt. Albstadt scheint wenig vergleichbar mit Stuttgart. „Deshalb muss man die Schwäche zur Stärke machen", sagt Herr Heck. Was vielleicht ein wenig abgeschmackt klingt, stimmt aber mit Blick auf die Meldungslage. Oder, wie es Herr Heck breit grinsend ausdrückt: „In Stuttgart, da boxt der Papst, da catchen die Nonnen – da ist immer was los, die können aus dem Vollen schöpfen, haben jeden Tag 17 Pressetermine. Wir in der Provinz dagegen müssen immer selbständig Themen erkennen, fortschreiben und erfinden."

Und das macht er auch, tagtäglich, und wenn es wie heute nur die Klärschlammgeschichte ist. Aber es gibt auch anderes. Vielleicht spannenderes. Morgen. Oder Übermorgen. Oder Immer. „Es gibt Tüftler, Erfinder, den Wanderschäfer, den einsamen, es gibt den in seiner Existenz bedrohten Landwirt, wunderbare Aussichtspunkte, Erlebnistouren,

Wanderwege, alte Ruinen, die eine Geschichte haben, es gibt das Donautal mit dem Luchs", zählt Herr Heck auf und man sieht ihm an, dass ihn diese Themen begeistern können. „Es gibt eigentlich immer irgendwas zu erzählen."

Jetzt vielleicht die Klärschlammgeschichte. Oder das Expertengespräch der Industrie- und Handelskammer über Öko-Standards und Hautverträglichkeitsprüfungen. Klingt nicht unbedingt erquickend. Das weiß auch Herr Heck und sucht weiter und philosophiert dabei über seinen Beruf und sein Selbstverständnis für denselbigen. „Ich möchte rausfahren, wenn in Dormettingen die Leute schimpfen, wenn es wieder stinkt, weil sie im Zementwerk Autoreifen verbrennen, da will ich raus, da will ich mitten drin stehen und begreifen, warum sie sich ärgern", sagt er, und man sieht ihm an, dass er in Gedanken schon die Autoschlüssel sucht.

Davon kann Herr Vinayak in Bangalore nur träumen und sich den Gestank höchstens denken; begreifen wird er es trotzdem wohl kaum. Anders Herr Heck. Für ihn gilt es, ganz bei dem Interviewten zu sein, ohne die Objektivität zu verlieren. Die Kunst der Vertrautheit zu beherrschen, ohne korrumpierbar zu sein. Eine Gratwanderung, die den Beruf spannend macht, aber auch gefährlich. Vor allem, wenn es um die Macht der Mächtigen geht. Denn wie schnell wird man zum Handlanger, zum Sympathisanten oder gar zum Spielball, anstatt unabhängiger Berichterstatter zu bleiben, frei von Kumpanei und Beeinflussung. Wie schnell wird der investigative Journalist zum abhängig Beschäftigten. Auch Herr Heck ist sich dieser Gefahr sehr wohl bewusst, gerät ins Grübeln, während schon wieder ein Telefon klingelt. „Natürlich versuchst du, objektiv zu sein, aber jeder lässt sich von Sympathie und Antipathie leiten, das ist zutiefst menschlich. Und eines ist klar, wenn du dich in so einem

Mikrokosmos bewegst, da kommen Begehrlichkeiten, du hast manchmal Beißhemmungen, wenn du jemand gut kennst und musst ihm jetzt mit Anlauf in den Arsch treten – du trittst, aber nimmst unter Umständen einen Schritt weniger Anlauf. Das ist eine Entscheidung, die muss jeder mit sich selbst auskämpfen." Man sieht ihm an, dass er sich das nicht leicht macht. Nur die Besten schaffen das über die Jahre hinweg, ein ganzes Journalistenleben lang. Die Speerspitze ist bekannt: Prantl, Leyendecker, Tilgner, Mikisch, Bednarz. Die weniger Exponierten, aber ähnlich Engagierten sind da, wo die Speerspitze selten hinkommt. Da, wo Herr Heck das journalistische Mädchen für alles ist. Ohne Mitarbeiter, Volontäre, Hospitanten, ohne Sekretärin, ganz allein. Das scheint ihn aber weniger zu stören. „Ich wollte nie was anderes machen. Klar, du bist da nicht wichtig, du bist keine große Nummer. In der Hierarchie bist du nicht aufzufinden. Mein Chef sagt zwar, du bist der Studioleiter, aber was leite ich denn, außer mich selbst." Er lacht, dass das Gesicht rot anläuft. Dann, nach einer Pause fügt er hinzu: „Aber genau in dieser Rolle fühle ich mich wohl." Was anderes käme für ihn nicht in Frage. Auch nicht der allzeit beliebte Terminjournalismus, morgens von einer Pressekonferenz zur anderen, wobei jeder etwas vermeintlich Wichtiges zu melden hat. „Das ist für mich wie eine Milchtüte im Regal von links oben nach rechts unten stellen. Da geschieht nichts wirklich Kreatives", sagt Herr Heck und nimmt das Telefon ab. Der Anrufer erzählt, dass sein Rundfunkempfang gestört sei. Herr Heck ist, wie sich schnell herausstellt, nicht der richtige Ansprechpartner, vermittelt aber die zuständige Telefonnummer, sodass der Anrufer mit dem Problem seines gestörten Empfangs doch noch das richtige Ohr finden wird, während Herr Heck nun doch noch ein interessanteres Thema, als das der Klärschlammgeschichte gefunden hat. „Manchmal ist tagelang nichts, dann kommt alles auf einmal", sagt er und verdankt das Thema dem Tipp eines Kollegen, der in einem anderen Zusammenhang von der „Sache in Sigmaringen" erfahren und Herrn Heck davon erzählt hat. Schnell sind Interviewpartner gefunden, Termine vereinbart, der Kittel angezogen und der SWR-Golf, mit dem Herr Heck im Jahr 25 000 Kilometer zurücklegt, bestiegen. Wir fahren nach Sigmaringen. Da verlangt das Bundeskartellamt den Verkauf der Kreisverkehrsbetriebe der Bahntochter *Regionalverkehr Alb Bodensee* (RAB). Die 26 Beschäftigten machen sich Sorgen um ihre Zukunft. Zurecht. Herr Heck interviewt den Betriebsratsvorsitzenden, dann die beunruhigten Beschäftigten. Anschließend fahren wir zurück ins Studio, wo schon eine Schalte ins Regionalstudio Konstanz steht und Berthold Maier, der Bevollmächtigte von Verdi, „auf dem Töpfchen" sitzt, was in Fachkreisen soviel bedeutet wie vor dem Mikrofon, und Herrn Heck Rede und Antwort steht. Nachdem auch dieser O-Ton im Kasten ist, schreibt Herr Heck den Text, schneidet die O-Töne zurecht und baut den Beitrag zusammen. Da kommt dann die ganze Routine zum Vorschein, denn noch ehe man sich versieht, ist der Beitrag fertig und nach Tübingen überspielt.

Und wie geht es weiter mit dem Studio Albstadt? Herr Heck denkt nach. Herr Vinayak in Bangalore schwebt als personifizierte Drohung über dem Studio in Albstadt und über allen kleinen Regionalstudios dieses Landes. „Es gibt eine politische Diskussion, die kann ich auch nicht beeinflussen, da kann ich noch so viel arbeiten, die krieg ich nicht weg", sagt Herr Heck, ein wenig nachdenklich aber keineswegs resignierend. „Der SWR ist eine Zweiländeranstalt. Wir haben hier in Baden-Württemberg eine viel stärkere regionale Verästelung als in Rheinland-Pfalz. Fakt ist, dass in Rheinland-Pfalz mit weniger Personal und weniger Regionalstudios auch ein SWR 4-Programm gemacht wird, das gute Zahlen hat. Und unter dem ganzen Spardiktat führt natürlich so eine sehr kostenintensive regionale Struktur, wie wir das haben, immer zu Diskussionen: Warum ist das in Rheinland-Pfalz anders als in Baden-Württemberg, braucht man das in Baden-Württemberg so noch oder können wir uns einige dieser kleinen Studios sparen, um Geld zu sparen. Diese Diskussion wird nie verstummen." Solange solche Regionalstudios und solche Korrespondenten erhalten bleiben, scheint das egal zu sein. Dass es anders, aber keinesfalls besser geht, zeigen Herr Vinayak in Bangalore oder Herr Macpherson in Kalifornien.

Vielleicht sollte Herr Macpherson, der Herausgeber der Internetzeitung Pasadena Now, und alle anderen, die glauben, auf diese Art von Journalismus verzichten zu können, mal nach Albstadt kommen und den Herrn Heck besuchen, mit ihm in seinem Büro eine Tasse Kaffee trinken und ein Leberkäsweckle essen, ihm dabei für ein paar Stunden über die Schulter schauen, um zu sehen, dass zwischen Herrn Heck in Albstadt und Herrn Vinayak in Indien nicht nur Welten liegen, sondern auch Prinzipielles. Aber vielleicht geht es Herrn Macpherson gar nicht um den Journalismus und die Nachrichten und die Verbreitung derselbigen, sondern um viel Banaleres wie zum Beispiel: Geld – oder darum, wie man mit Journalismus und Nachrichten und der Verbreitung derselbigen mit möglichst wenig Aufwand am meisten verdienen kann. Wenn das die Zukunft des Journalismus ist, dann haben Redakteure wie Herr Heck in der Tat keine mehr. Aber noch ist es nicht so weit. Solange Herr Heck in seinem Büro in Albstadt sitzt, lebt der Anachronismus. Und das nicht schlecht! „Mich soll es noch aushalten. Ich hab noch zwölf, dreizehn Jahre", sagt Herr Heck, solange hat er noch bis zur Rente, solange ist die Berichterstattung aus Albstadt für den Hörfunk gesichert. Da freuen sich Albstadt, der Zollernalbkreis und der Journalismus. Gut so. „Das hängt an mir selbst", fügt Herr Heck selbstkritisch hinzu. „Ich muss gucken, dass ich möglichst viel mache und dass alle möglichst zufrieden sind." Bestimmt.

„Gehen wir!", sagt Herr Heck, fährt den Computer herunter, zieht den Kittel an und verriegelt das Büro. Er muss mal wieder raus, ob Klärschlammgeschichte oder Blauzungenkrankheit; egal – einfach mal wieder mitten drin stehen.

Altes Eisen macht Musik

Das Salonorchester ist ein demonstratives Fanal in einer
Gesellschaft, in der Senioren ab einem gewissen Alter
eine Hüftgelenkoperation von jungen, neoliberalen
Schnöseln abgesprochen wird.

Eine Rentnerband, ein Stehgeiger mit optimaler
Zahnstellung und ein Schlagzeuger ohne Noten:
das Salonorchester Albstadt

Herr Reuter hat die Hosen an. Herr Reuter ist der Chef. Auf
der Bühne. Vor dem Pult. Und keiner macht ihm diese Position streitig. Er war der einzige Professionelle. Der einzige
Berufsmusiker. Der einzige, der Musik studiert hat. Vor vielen, vielen Jahren. Jetzt ist Herr Reuter 78, lange schon in der
Rente und seit zehn Jahren Stehgeiger und Dirigent beim
Salonorchester Albstadt. Und gleichzeitig sein künstleri-
scher Leiter. Wenn er an seinem Notenständer steht, die
Geige zwischen Kinn und Schulter geklemmt, vor sich sein
Orchester, hinter sich das Publikum, und der Bogen rasend
schnell über die Saiten saust, dass die Augen Schwierigkeiten haben hinterher zu kommen, dann ist Herr Reuter in seinem Element. Dann scheint er alles um sich herum zu vergessen. Auch seine elf Enkel und die Urenkelin. Die Frau.
Kinder. Alles. Da sind nur noch er, sein Bogen und die
Geige. Und die Musik. Der Körper wirkt nicht wie der eines
fast 80-Jährigen. Vielmehr bubenhaft frisch, voller Span-
nung, wie ein Einmachgummi auf einem Einmachglas. Als
hingen die Glieder an elastischen Schnüren, Gummiseilen
gleich, steht Herr Reuter vor seinen Musikern und lebt die
Musik vor, oder besser bewegt sich mit ihr mit, im Rhythmus. Im Takt, als wäre er die personifizierte Resonanz, der
zu Materie gewordene Klang. Franz Lehar, Gold- und Sil-
berwalzer. Herr Reuter spielt nicht nur mit den Fingern und
streicht den Bogen, Herr Reuter spielt mit dem ganzen Körper. Jede Faser scheint davon durchdrungen. Man nennt ihn

auch, hinter vorgehaltener Hand natürlich nur, den ‚André Rieu von Albstadt'. Der Vergleich gefalle ihm nicht, wie er sagt, und doch merkt man ihm an, wie er sich ein wenig geschmeichelt fühlt. Kein Wunder, ist es doch ein Vergleich, der ehrt und den man sich nur schwerlich ausdenken kann.

Vor zehn Jahren kam Herr Reuter zu dem bis dahin mittlerweile schon acht Jahre bestehenden Salonorchester, wo ihm gleich die Position des Leiters, des Dirigenten angeboten oder vielmehr aufgedrängt wurde, die er, nach kurzzeitigem Zaudern, dann schließlich auch annahm. „Ich hab gesagt, ich mach es, aber dann muss es genau und exakt sein." Was im Reuterschen Verständnis soviel bedeutet wie: üben, üben, üben. Oder kurz: Probe. Einmal die Woche. „Bei mir muss das studiert werden. Bei mir heißt das professionell", sagt Herr Reuter und lässt keinen Zweifel an seiner Professionalität, Kompetenz und Durchsetzungsfähigkeit. „Es muss so sein, dass die Menschen es als gut anhören. Und das haben wir dann auch fertig gebracht", sagt Herr Reuter und klingt dabei ähnlich überzeugend wie seine Violine. Schon mit sechs Jahren fing er an, Geige zu spielen, um dann später auch am Konservatorium in München Geige zu studieren. Und Horn. „Wegen der Zähne. Wegen der Zahnstellung", sagt Herr Reuter und lacht. „Ideal fürs Horn." Mit 17 Jahren begann er dann 1947 ein Musikstudium an der Münchner Hochschule. Während der acht Semester bis 1951 wurde er auch schon in der Staatsoper als Bühnenmusiker eingesetzt. Auch im Kammerorchester München spielte er mit, teilweise als Hornist und als Geiger. „Ich bin quasi klassisch ausgebildet", sagt Herr Reuter mit ein wenig Stolz in der Stimme. Nach der Ausbildung wechselte er dann zum Südbayerischen Symphonieorchester nach Rosenheim. Hernach wurde es mit den Anstellungen immer schlechter.

„Da kamen dann die Kriegsheimkehrer aus Russland zurück, und die waren Beamte und mussten eingestellt werden, obwohl die manchmal keine Zähne mehr hatten, die Bläser", sagt Herr Reuter und weiß, dass ihm da seine klassische Ausbildung und die optimale Zahnstellung auch nichts mehr geholfen hatten. Schlug er eben eine kaufmännische Laufbahn ein. So kam er nach Albstadt-Ebingen, in den Zollernalbkreis, wo er bei der Weltfirma für die Nadelherstellung, *Groz-Beckert*, 1956 in der Datenverarbeitung anfing, sich dann schließlich auch in Ebingen niederließ und heiratete. Die Musik spielte aber weiterhin eine bedeutende Rolle in seinem Leben, zwar nicht mehr in professioneller und beruflicher Hinsicht, sondern ab jetzt als ernstzunehmendes Hobby. Er wurde erster Hornist im Ebinger Städtischen Orchester und spielte auch in Balingen im Orchester, zwar nicht die erste, aber immerhin eine Geige. Seit 15 Jahren ist er nun in Rente. Und seit zehn Jahren der Kopf des Salonorchesters, das schon auf den ersten Blick kein ganz normales Orchester ist, das es unendlich oft, so oder so ähnlich, in diesem Land zu geben scheint. Das Salonorchester Albstadt ist einzigartig. Was an seiner Besetzung liegt, an den MusikerInnen. Allesamt Rentner, allesamt über 65 Jahre alt. Allesamt Laien. Und aus diesen versucht Herr Reuter unermüdlich, das Beste herauszuholen. Aber nicht nur aus dem Orchester, auch aus sich selbst. Dafür übt er jeden Tag drei, vier Stunden. „Ich muss mich ja artikulieren können, wie das Stück zu spielen ist, tempomäßig, dass es rein klingt. Ich muss es denen ja erklären. Ich kann ja nicht sagen, das kann ich selber nicht", sagt er und blickt mit großen Augen hinter den dicken Brillengläsern in die Runde und fügt hinzu: „Ich habe ein wunderbares Orchester. Sie wollen proben, proben, proben. Und spielen." Ich bin mir, beim Anblick der älteren

Herrschaften, allerdings nicht ganz sicher, ob Herrn Reuters Worte ernst gemeint sind oder in seiner Liebeserklärung vielmehr ein Hauch von Ironie mitfiedelt. „Wenn man willig ist, dann geht das schon", sagt Herr Reuter und erteilt der Ironie eindeutig eine Abfuhr. Vereinzelt ist ein zaghaftes Nicken der anderen Musiker zu sehen. In den Worten von Herrn Reuter schwingen noch immer sattsam eingeübte professionelle Dogmen mit und vor allem überzeugender, ansteckender Idealismus, für seine Musik und seine Musiker. „Wir sind ja eine Familie", sagt er nun mit der Liebe eines Vaters für seine vielleicht manchmal auch ungezogenen Kinder. „Dass ich mit denen üben kann, und zum Schluss sagen kann, ‚Bravo‘, wir haben es geschafft, wir haben wieder etwas Neues gemacht, das ist herrlich." Er denkt kurz nach, schiebt die Brille zurecht und ergänzt: „Man kann auch von Laien professionell etwas bekommen." Das ist Reutersche Dialektik, denke ich. Es klingt nicht nur plausibel, es klingt sogar ein wenig nachvollziehbar. Und dann folgt, in Bezug auf die Orchesterfamilie und seine Person, Geige unterm Kinn, Reuterscher Pessimismus. „Es ist keiner da, der meine Stelle einnimmt", sagt er nachdenklich ob seiner gegenwärtigen Unersetzbarkeit. „Wenn ich nicht mehr kann, dann wäre das Orchester lahm gelegt." Das bestätigt ihn einerseits natürlich in seiner exponierten Stellung im Orchester und bereitet ihm andererseits offensichtlich, seiner Endlichkeit bewusst, große Sorgen. „Ich brauch einen ersten Geiger, der mich ersetzen könnte, wenn etwas passiert", sagt er und sieht dabei so unverwundbar aus, als wäre das Fortbestehen des Salonorchesters bis in alle Ewigkeit hinein gesichert. „Ich mach es so lange, wie die Kraft ausreicht", sagt er und klingt so kraftvoll und kämpferisch, als wären für ihn Arthritis und Arthrose nicht ins Schwäbische übersetzbare

Fremdwörter. „Ich bin der Ansicht, es ist schön, mit einer Violine in der Hand zu sterben", sagt er, fast schon ein wenig frevlerisch klingend. „Ich würde sogar noch im Grab die Violine wollen, zum Üben." Er lacht und freut sich offenbar diebisch ob des himmlischen Konzerts da oben und der Vakanz eines allseitig engagierten Stehgeigers. Da kann der Himmel noch lange warten, denke ich, als Herr Reuter den Gedanken selbstbewusst weiterspinnt. „Das Salonorchester ist gesichert, wenn ich gesichert bin." Da es sehr wenige Geiger gibt, die sich in dieser Art als Stehgeiger noch dar-stellen wollen und die allermeisten klassischen Musiker diese Art der Musik ohnehin ablehnen, dürfte Herr Reuter mit seiner These wohl recht behalten. „Für die Klassiker ist das, was wir machen U-Musik, die anerkennen das nicht. Ich bin der Ansicht, es gibt gute E-Musik und gute U-Musik; und es gibt auch Schlechtes von beidem", sagt Herr Reuter und man merkt ihm an, dass es ihm nicht leicht fällt, seinen klas-sischen Kollegen zu widersprechen. Aber die Zuneigung zu seinem Orchester, zu seinen Musikern und zu Walzern, Märschen und Operetten überwiegt. Ob gut oder schlecht, E- oder U-, in jedem Fall hilft die Musik, ganz egal welche, wenn sich über das zart besaitete Gemüt schwarze, stim-mungstrübende Flecken der Melancholie legen, oder wenn man, wie der Volkmund es ausdrückt, mal ,nicht so gut drauf' ist. „Dann geh ich in den Keller, in mein Musik-zimmer, nehme meine Geige und spiel in Moll, 5 Minuten, dann bin ich wieder lustig", sagt Herr Reuter und ergänzt lachend, während er die ideale Zahnstellung fürs Horn be-reitwillig preisgibt: „Mit Musik kann man sich selbst aus dem Sumpf ziehen." Wohl wahr.

Und anderen eine Freude bereiten. Wie den Krankenhauspatienten der Truchtelfinger *Sana*-Klinik, in dessen Cafeteria das Salonorchester jetzt in nachmittäglicher Runde aufspielt. Inmitten von eingegipsten Menschen in Morgenmänteln, Frauen in Hausschuhen und mit Rollwägelchen, Beinamputierten an Krücken und Männern in Trainingsanzügen mit Halskrausen, ist das Orchester vor dem grün leuchtenden Notausgangsschild aufgebaut und startbereit. Die zehn MusikerInnen, vier Frauen, sechs Männer, des Salonorchesters, alle vornehm in schwarz-weiß gekleidet, sitzen vor ihren Instrumenten neben der großen Glasfront, hinter der der Winter die ersten, eindeutigen Spuren hinterlassen hat und warten geduldig auf ihren Einsatz. Bevor die Musik ertönt, wird jedes Lied zuerst von Herrn Boniek, der auch eine der Geigen spielt, anmoderiert und mit einer kleinen Anekdote humoristisch aufbereitet. „Meine Damen und Herren, der kleine Fritz kommt nach Hause, fragt der Vater ,Wo ist dein Zeugnis?' – ,Das habe ich meinen Freund gegeben, sein Vater sollte sich auch mal erschrecken.'" Gelächter im Publikum, Herr Reuter hebt den Bogen, zählt an und los geht es. Zwei Geigen, eine Querflöte, eine Klarinette, ein Cello, ein Akkordeon, ein Keyboard, ein Klavier, Herr Reuter als Stehgeiger und ein Schlagzeug ergeben *Zwei Märchenaug*en von Emmerich Kálmán. (Und die treiben so manche Träne der Rührung ins Gesicht der versammelten Zuhörerschaft.)

Hinten links im Orchester sitzt, ein wenig erhöht, Herr Scheffold vor einem Schlagzeug. Fast stoisch in sich ruhend, mit mächtigem, wunderschönem Bauch und einem entspannten Lächeln im Gesicht, einem Buddha gleich, trommelt er auf seiner Snare-Drum und den Becken herum. Ab und zu gibt er mit dem Fuß der großen Trommel einen Tritt. „I hab mi scho von Jugend a für's Schlagzeug interessiert", sagt er später in einer Pause. „Hab dann a bissle auf Tanzmusik gmacht in de 60er Jahr. Da hab i dann angfanga, in der Zeit in der dia Beatles *in* waret. Da habet mir dann Tanzmusik in den Lokalen gmacht." Seine ersten Bands hießen dann – offenbar der Wunsch als Vater des Gedankens – *Sonnyboys*, *Teddyboys* und *Playboys* und spielten alles, was damals in den 60ern hip war. Stones, Beatles, aber auch *Marmor, Stein und Eisen bricht* und andere Coverversionen, auf die man besonders gut tanzen konnte. Damals war Herr Scheffold schon verheiratet, hatte zwei Kinder und war von Beruf Elektriker, mit leidenschaftlichem Hang zur populären Tanzmusik und zum Schlagzeug. „I hab dann au mal drei, vier Monat Berufsmusik gmacht, also nur gspielt. In Tuttlingen hat a Bassist von ons a Lokal aufgmacht und da hat er au Musik drin ghabt und da habet mir dann gspielt, jeden Abend." Als das mit der Berufsmusik dann schnell den Bach runter ging und er anschließend Hausmeister in einer Turnhalle bei der Stadt Albstadt wurde, war es vorbei mit der Musik. „Da han i dann koi Zeit mehr ghabt. 1974 war des. Dann war i 26 Jahr Hausmeister und hab net mehr gschpielt. Des Schlagzeug hab i verkauft." Als er im Jahre 2000 den Ruhestand erreicht hatte, vergingen keine acht Tage, da klopfte schon das Salonorchester bei ihm an. „Dia habet an Schlagzeuger ghabt, der im Rollstuhl gsessa isch. Und der hat aufhöra wolla." Zuerst hat sich Herr Scheffold dann probehalber ein Schlagzeug geliehen, schließlich wieder eines gekauft. „I hab mir älles selber beibrocht. Älles über's Gehör. I ka koine Nota", sagt Herr Scheffold, ohne einen Hauch von Verlegenheit, und lacht, dass der dicke Bauch wie ein Springball hüpft. „I ka die meischten Lieder auswendig, i hab die älle im Kopf drin", sagt er und tippt sich an die Stirn. Und das sind um die 100 Stück, da in seinem schwäbischen Quadratschädel. Respekt. „I sag emmer, i bin dr Gscheiteste von euch, ihr habt älles auf dem Blättle und i muss älles nach Gehör macha." Wieder lacht er und sein Bauch droht, sich unterm Hemd davon zu machen, während Herr Scheffold kurzerhand die Philosophie des Schlagzeugers, oder vielmehr die musiktheoretische Abhandlung eines Schlagzeug spielenden Elektrikers, der mit Leib und Seele Hausmeister war, erklärt. „Wichtig beim Schlagzeug isch eigentlich nur dr Anfang, dass da älles stemmt, dann verschiedene kloinere Sacha mitten drinna und der Schluss", sagt Herr Scheffold, als wäre es das Einfachste der Welt und viel einfacher als Schlitze klopfen oder Strippen ziehen auf dem Bau. „Älles andre improvisier i für mi. Wenn i mal an Schlag mehr mach oder weniger, des merket dia gar net", sagt er und lacht übers ganze Gesicht. Da wäre ich mir allerdings nicht so sicher. Herr Reuter hört alles, zumindest behauptet er das. Apropos Musik. Würde einer wie Herr Scheffold, mit diesem musikalischen Hintergrund, nicht lieber *Yesterday* von den Beatles spielen, als einen Walzer von Johann Strauß?, frage ich mich und dann Herrn Scheffold. Er nickt. „Ab ond zu scho, ha ja", sagt er und zeigt sich anschließend doch sehr verständig für die vorgegebene, eindeutige musikalische Linie des Orchesters. „Wenn da jeder saga dät, jetzt soll ma des macha und des, dann wär da a Durcheinander." Und dann fügt er nach einer kurzer Bedenkpause mit Blick auf den Dirigenten hinzu: „Oiner muss da sei, der sagt, wo's langgeht. Des isch dann scho richtig so." Und dann mit Blick auf die Zuhörer: „Guat wär, wenn dia Leut des Zeig kenna würdat. Manchmal spielet mir Songs, die kennet dia Leut dann gar net, dann muss ma no a Hallowachtablette verteila." Wieder lacht der 69-jährige gewichtige Schlagzeuger und fügt zusammenfassend und abschließend hinzu: „Zu Haus nur auf dem Sofa sitza, hat au koin Wert." Verständlich.

Da ist es hier, beim Auftritt des Salonorchesters in der Cafeteria der Sana Klinik, schon unterhaltsamer, wo der Schnee vor den Fenstern bei so viel herzergreifender Musik langsam anfängt zu schmelzen. Herr Reuter geht fiedelnd und leichtfüßig tänzelnd von Tisch zu Tisch, becirct die Zuhörer, vor allem in Gestalt der älteren Damen, die sich, wenn wundert's, auch gerne becircen lassen, was in deren Augen einen Schein, einen Schimmer, einen betörenden Glanz zur Folge hat wie vermutlich schon lange nicht mehr und ein anschließendes charmantes Lächeln. Der ein oder andere Zuhörer summt selbstvergessen mit oder singt lautlos vor sich hin. Manches Bein wippt, während sich ein verträumter Blick auf die Gesichter schmuggelt, man offenbar in Gedanken ganz in der Vergangenheit ist, in der das Hüftgelenk noch in Ordnung, die rheumatischen Beschwerden ferne Zukunftsmusik und die Welt weniger schmerzhaft war. Die Geige flirtet, Herr Reuter lacht und springt am Ende des Liedes hoch wie weiland Hans Rosenthal bei *Dalli Dalli*. Applaus.

Der Aufzug fährt in den neunten Stock. Im Aufzug riecht es nach Gekochtem. Im dunklen, schmalen Hochhausflur empfängt mich Frau Weber schon ganz aufgeregt. Die 75-jährige Frau Weber hat das Salonorchester Albstadt vor 18 Jahren gegründet und managt dasselbige bis zum heutigen Tag. An den Wänden ihrer Wohnung hängen unzählige Bilder, meist Blumenmotive in Aquarell. Diese sind, bis auf einen Modigliani-Druck, alle von ihr selbst gemalt. Zwei dicke Ordner, in denen sich die fast zwei Jahrzehnte lange Geschichte des Salonorchesters hinter grünen und blauen Deckeln verbirgt, hat sie schon bereit gelegt. Aufrecht sitzend und mit überschäumender, fast kindlicher Begeisterung fängt sie an zu erzählen. „Ich hab immer wieder Ideen", sagt sie vorausschickend und meint all die zurückliegenden in ihrem Leben, von der ersten Spielwarenbörse in Albstadt, die sie kreierte, über eine Baumpflanzaktion, die sie ins Leben rief, bis zum Malen und den Malkursen, die sie in der VHS belegte und den daraus resultierenden Ausstellungen mit den eigenen Blumenbildern, die sie organisierte. „Das hat dann zu den Vorhängen gut passt, zu den Farben, das war einfach toll", sagt sie und lässt die eigene Geschichte kurz Revue passieren. Irgendwann Ende der 80er Jahre kam sie, selbst gern singend und Gitarre spielend, dann auch auf die Idee mit dem Salonorchester. „Es gibt so viele, die spielen allein", fiel ihr auf, „Geige, Trompete, Klavier und alles. Hab ich mir gedacht, es ist doch viel schöner, wenn man organisiert, dass man miteinander spielt." Denken allein hilft nur wenig, und die Erkenntnis, „dass das Spielen in Gemeinschaft netter sei als das daheim allein Umeinanderblasen" führt auch nicht weiter, denn: Der Geist ist nur, was er tut. Also nahm Frau Weber die Idee tatkräftig in die eigene Hand, sodass dieselbige zwischen ihren Fingern schließlich konkrete Züge annahm. „Und dann hab ich gedacht, des könnt was sein." Frau Weber startete einen Aufruf in der hiesigen Zeitung, was ein erstes Treffen potenzieller Hobbymusiker zur Folge hatte. Schnell wurde man sich einig und los ging es. Fünf Violinen, ein Saxophon, ein Kontrabass, Klavier, „einfach querbeet", wie Frau Weber feststellt, zählten am Anfang zu der zehn Mitglieder starken Besetzung. Wenn etwas irgendwo beginnt, drohen auch schon anderenorts hinter schummrigen Ecken das lauernde Ende und die Bedenken, die sich ungefragt in den Vordergrund drängen, wie zum Beispiel: „Ha, wo spielen wir na?", fragt Frau Weber und wischt mit einer Handbewegung die anfänglichen Schwierigkeiten vom Tisch. Das Notenmaterial wurde besorgt, eine Probenmöglichkeit in der Jugendmusikschule organisiert, schließlich geprobt, bis das erste Programm feststand und beim ersten Auftritt 1989 im Seniorenheim der Augustenhilfe in Albstadt-Ebingen zum Besten gegeben werden konnte. Von da an ging es stetig bergauf. „Lang waren wir dann der gleiche Kreis, bis dann der eine immer älter geworden isch, der andere hat dann Gichtfinger kriegt, wieder ein anderer hat's dann mit dem Gehör gehabt, die hohen Noten hat er nicht mehr gehört, und so sind dann im Lauf der Jahre immer wieder welche ausgeschieden", sagt Frau Weber, und mir kommen Pina Bausch und ihr *Wuppertaler Tanztheater* in den Sinn. Das, was die Grande Dame des Tanztheaters einst mit ihrem Tanztheaterstück *Kontakthof, Damen und Herren ab 65* ermöglichte, macht Frau Weber mit Musikern ab 65 ebenfalls wirklich.

In all den Jahren ging es, trotz vieler Ausfälle und hoher Fluktuation, mit dem Salonorchester Albstadt immer weiter. Dennoch scheint der Musiker-Nachwuchs das ganz große und kaum in den Griff zu kriegende Problem des Salonorchesters zu sein. Alters- und krankheitsbedingt scheiden immer wieder Mitglieder aus, oder sterben gar. In den letzten 15 Jahren wurden zehn Musiker begraben, wie zuletzt der Kontrabassist der Combo, sodass das Orchester von heute auf morgen ohne Bass dastand. Da kein neuer Bassist auf die Schnelle – und auch nicht bis zum heutigen Tage – gefunden werden konnte, wurde der Bass-Part kurzerhand durch ein Keyboard ersetzt. Ist zwar nicht ideal, geht aber auch. Respektive muss gehen. „Des passt jetzt au", sagt Frau Weber und man sieht ihr an, dass sie einerseits erleichtert, andererseits aber auch besorgt um die Zukunft ihres Orchesters ist. Zurecht. Als Organisatorin und Managerin, als die *gute Seele* des Orchesters, die nicht nur die Auftrittstermine beschafft, Gagen aushandelt und die komplette Planung organisiert („I hab die Gabe, Leute zu überzeugen, dass die alles umsonst machen"), sondern auch „den ganzen Haufen zusammenhält", weiß sie am Besten, dass das Salonorchester jederzeit durch das Ausscheiden eines seiner Mitglieder in seiner ganzen Existenz bedroht werden kann. Und das wäre schade, nach 18 erfolgreichen Jahren. Denn das Salonorchester Albstadt ist nicht nur eine musikalische Rentnercombo, die jeden Monat einen Auftritt hat und sich einmal die Woche zum Üben trifft. Das Salonorchester Albstadt ist mehr. Viel mehr.

Das Salonorchester ist ein Zeichen, ein aufrüttelndes Signal in Zeiten, in denen der Mensch in unserer Gesellschaft – in erster Linie für den Arbeitsmarkt – mit knapp über 50 als alt, unbrauchbar und aussortiert gilt. Das Salonorchester ist ein demonstratives Fanal in einer Gesellschaft, in der Senioren ab einem gewissen Alter eine Hüftgelenkoperation von jungen, neoliberalen Schnöseln abgesprochen wird. Das Salonorchester ist ein ostentatives Menetekel in einer Gesellschaft, in der die Senioren, meist nach lebenslanger Arbeitszeit, nichts mehr zählen und gern als unnützes „altes Eisen" abgeschoben werden. Rentner, Alte, die scheinbar nutzlos geworden sind, sind vor allem für den ökonomischen Gesellschaftsverbund lästig und werden in dessen Augen nur mehr als Individuen wahrgenommen, welche die Gesundheitskassen belasten, Geld kosten und als solche Kostenfaktoren ohne Nutzen, wie gern, meist hinter vorgehaltener Hand gefordert, zusammengekürzt und reduziert werden müssten.

Das Salonorchester zeigt schwungvoll und beschwingt, dass Senioren alles andere als outgesourctes Menschenmaterial darstellen und durchaus in der Lage sind, noch etwas zu leisten, für sich selbst, aber auch für andere und, wenn auch vielleicht nicht gerade in den herkömmlichen ökonomischen Kategorien manifestierbar, einen Mehrwert erzielen, und zwar für eine Gesellschaft, ein Gemeinwohl, das nicht nur in Soll und Haben, in Dax und Dow Jones, alt und jung, ein- und aufgeteilt wird. Hier, beim Salonorchester, geht es also nicht nur um Musik, um das gemeinsame Musizieren, hier geht es auch um einen Gemeinsinn und einen Zusammenhalt, der in dieser ellenbogenorientierten, neoliberalen Welt ziemlich oft abhanden gekommen zu sein scheint. Vor allem für die jüngeren Generationen im Hinblick auf die Älteren. Und dabei spielt das Salonorchester Albstadt nicht nur Wiener Kaffeehausmusik, *Tulpen aus Amsterdam* und *Donauwellenwalzer*, sondern bereichert auch Seniorennachmittage, Altenfeiern und Firmenjubiläen und damit nicht zuletzt auch ihren eigenen Seniorenalltag, was sich aber beileibe nicht nur auf das Instrument in der Hand beschränkt. Manchmal unternimmt das Orchester auch kleine Betriebsbesichtigungen und veranstaltet gemeinsame Essen. „Das isch dann richtig familiär. Dann isch das eine schöne Sache", sagt Frau Weber und man sieht ihr an, dass das Orchester für sie, wie für alle anderen Mitglieder auch, ein wesentlicher Lebensinhalt geworden ist. Die Gagen werden gesammelt und gemeinsam einmal im Jahr bei einer Feierlichkeit mit den Partnern und Angehörigen der Musiker auf den Kopf gehauen. Der Rest wird kollektiv ausbezahlt. „Ein bissle halt ich noch zurück, für die Zukunft und weitere Planungen", sagt die Managerin des Salonorchesters verschmitzt, ganz die sparsame Schwäbin. Es ist zu hoffen, dass diese Zukunft noch lange anhalten wird und dass die *Florentinischen Nächte*, *O mia bella napoli* und *Ich bin nur ein armer Wandersgesell* durch viele Seniorenheime im Zollernalbkreis schmettern werden.

„Meine Damen und Herren, kommt eine alte Frau in ein Radiogeschäft und verlangt nach einem Radiogerät. ‚Wollen Sie eines für Mittelwelle, Kurzwelle oder Langwelle?', fragt der Verkäufer. ‚Egal', sagt die Frau, ‚Hauptsache es spielt Walzer und Operetten.'"

Gelächter unter den Zuhörern in der Sana-Klinik. Herr Reuter hebt den Bogen. Zählt. Das Salonorchester legt los.

Flüchtige Begegnung (3)

„Hallo Sie!", ruft mir eine männliche Stimme auf dem Kurt-Georg-Kiesinger-Platz in der Albstädter Innenstadt hinterher. „Ich habe Sie gesehen!"

Vergangenheitsform, denke ich, und komisch, stehe ich nicht zwei Meter von der Stimme entfernt? Ich drehe mich um. Ein vielleicht 50-jähriger Mann mit einem Hund an der Leine steht jetzt vor mir und lächelte.

„Im Fernseher", sagt er und lächelt noch mehr.

Der Hund interessiert sich für meine Schuhe.

Ich nicke.

„Gut, dass Sie mit dem Karra umeinander reisen", sagt der Mann. „Es nemmt ja koi Mensch mehr a Buch in d'Hand."

„Na ja, ab und zu …", will ich widersprechen.

„Trotzdem!", geht er dazwischen. Der Hund zerrt an der Leine, noch immer meine Schuhe im Visier.

„Schöner Hund", sage ich.

„Ja", sagt er, „aber alt."

„Trotzdem."

Der Hund merkt, dass über ihn geredet wird, wedelt mit dem Schwanz und lässt die Schuhe in Ruhe.

„Gute Reise", sagt der Mann und sieht aus, als ob er am liebsten mitfahren würde.

Der Hund auch.

Von der Beschaffenheit
eines Dichters

Inmitten der Zahlen hat er die Wörter für sich entdeckt.
Zwischen den Kontoauszügen, die Lyrik.
Das *Ich* weniger. Selten verwendet er es im Gespräch.
Das Ich.

Kein ich, ein man – Walle Sayer:
der Poet vom Land

Von Tübingen kommend Richtung Rottenburg, über die B 10 nach Horb, von da dann immer am Neckar entlang, vielleicht 5 Kilometer, 6, bis nach Dettingen. Dettingen: Eine Kirche, eine Volksbank, Bäcker, Post, Lotto, ein Gasthaus und 2000 Einwohner. Einer davon ist ein Literat, ein Dichter: Walle Sayer. Knapp vor 50, 1960 in Bierlingen, Kreis Tübingen geboren und aufgewachsen, neben dem höchsten Kirchturm weit und breit, wirkt er doch bubenhaft, nachgerade schelmisch jung. Klein, schmächtig und drahtig, ein wenig die Schultern eingezogen, als wolle er sich immerzu ducken. Sagen, *Ich bin bloß da* – wie der jüngste Prosagedichtzyklus von ihm heißt.

Mich macht kein Zahlendreher jünger. Mich gibt es nicht. Ich bin bloß da.

Bloß da, will er sagen, und nicht weiter zu beachten. Das wäre ein Fehler, ein großer Fehler. Denn der Lyriker Walle Sayer wird bleiben – vielleicht weil er gerade bloß da ist, er und seine Gedichte, wenn andere schon lange weg sind und kein Hahn mehr nach ihnen kräht – und nach ihren Gedichten auch nicht.

Meine Gedanken, sie streunen durch den Traum eines schlafenden Wachhunds. Vielleicht sieht man mir an, dass ich vorher am Bahnsteig ein Kind ansah, das rosanes Eis geschlotzt hat. Garnichts ist nur das Zigfache von Nichts.

Und viel mehr als etwas. Walle Sayer ist vielmehr als ein Lyriker. Walle Sayer ist ein Wortakrobat, ein Sprach-Hasardeur, einer, der mit wenigen Worten große Stimmungen erzeugen kann. Ein poetischer Minimalist, der nur wenig braucht, fast gar nichts, um beinahe alles, alles Beschreibbare auszudrücken.

Mein Fremderhaltungstrieb wie es in einem seiner Bücher mit dem Titel *Von der Beschaffenheit des Staunens* kurz und prägnant heißt und ihn selbst, den Dichter, entfremdet von der Masse, meint, als Voraussetzung für das dichtende Sein.

Das empfängt mich mit Haussandalen, Jeans, Pullover, mit einer zerbrechlich wirkenden Brille vor den Augen und einem schüchternen Lächeln um den Mund – er sieht unscheinbar aus, so gar nicht wie ein Dichter; ein Dichter, wie sich ein Ahnungsloser einen solchen vorzustellen vermag. Wie Hölderlin in seinem Turm vielleicht, ein halbes Leben lang dem Wahnsinn nahe, gar verfallen und rumorend? Oder wie weiland Robert Walser, in einer geschlossenen Anstalt mit einem präzise einstudierten Tagesablauf und langen Spaziergängen im Schnee? Wie Rolf Dieter Brinkmann womöglich, exzentrisch, manisch und auch im Alltag wohl nicht ganz unkompliziert? Vielleicht. Vielleicht aber auch nicht.

Walle Sayer hat nichts von alledem. Er sieht aus wie einer, nach dem sich niemand umdreht. Einer, der den Raum betritt und niemand hebt den Kopf, keiner sagt „Hallo!" und guckt auf. Das scheint ihm, wie zu vermuten ist, nicht ganz unrecht zu sein. Man merkt ihm an, dass er nicht gern im Mittelpunkt steht. Einer, der lieber unbeobachtet abseits lauert und selbst beobachtet. Melancholisch vielleicht. Aber auch verschmitzt lachend. Ein lachender Melancholiker, wenn es das denn gibt. Eine randständige Existenz, am Rande des Dorfes Dettingen wohnend – dabei und doch nicht ganz dazugehörig. Dazugehörig, aber doch abseits. Wie der Lyriker zur Literatur. Wie Walle Sayer zum Leben.

Wir sind Wir: eine einfache Gleichung mit zwei Unbe-
kannten, wie er selbst einmal schrieb. Oder besser noch: ein
melancholisches Schlitzohr, ein trauriger Lausbub, der sich
gern versteckt hinter Scheunen, Holzstadeln, Gartenzäunen,
Hundehütten, um dann aus dem Verborgenen heraus, durch
Astlöcher hindurch, in die Welt zu blicken, um einem
Brennglas gleich, dieselbige fokussiert als Konzentrat wahr-
zunehmen. Anders als die anderen. Anders als die, die gern
im Zentrum stehen – also fast alle – und denen oftmals, um
sich selbst kreisend und bei abschweifendem Blick, das Detail verborgen bleibt. Im Einzelnen scheint für Walle Sayer
das Ganze zu liegen, im Detail die Vielheit.

Detail eines Details, ihr schwarzer Punkt, die Morgen-
mitte.

„Kaffee?"

„Danke, ja."

Er lässt Kaffee aus der elektrischen Maschine heraus, bringt
selbstgebackenen Kuchen. Und erzählt, langsam, schlep-
pend nach Worten suchend, um Inhalte ringend. Man bekommt eine Ahnung wie seine Gedichte entstehen – langsam, stockend, immer wieder korrigierend und verwerfend.
Bedächtig und unsicher die Worte aus sich selbst schürfend,
bausteingleich zusammensetzend, wackelnd, immer auch
das Umfallen mit inbegriffen, immer auf das Notwendigste
reduziert. Herausbuchstabierend aus der Fülle des Über-
flüssigen, auf der Suche nach dem Punkt im Satz, der alles
auf denselbigen bringt, und dabei oft nur, nach Stunden der
Verwerfungen, schlussendlich Haare raufend das Komma
findet. (Vielleicht erklärt sich deshalb sein feines, nur noch
schütteres Haar.) Für den Leser ein Geschenk – für ihn
selbst höchstwahrscheinlich ein Abfallprodukt des nicht

einzulösenden Ideals. Ein Gedicht scheint bei Walle Sayer immer auch der Versuch zu sein, das kaum durch Sprache Vermittelbare in Worte zu fassen, sodass in jedem Gedicht auch immer mindestens eine Unbekannte hockt, wie ein räudiger Hund unterm Tisch; nämlich das Scheitern. Wenn auch ein schönes Scheitern. Ein Scheitern, das dem Leser und dem Leben viel näher ist, als das Nicht-Scheitern.

Nimmernie und wirklich oder wahr, kein / Simsalakadabra, nur ein Kindermund, der / sagt: das hätt ich wollen möchten.

Davon spricht auch Walle Sayer, während er ab und zu an der Kaffeetasse nippt – als wäre noch nicht entschieden, wer zerbrechlicher ist: er oder die Tasse – und den aufgetragenen Kuchen unangerührt lässt. Obgleich das gesprochene Wort nicht seine Disziplin ist; das merkt man bei jedem Satz.

Eine Sprechpuppe, die sich weigert noch etwas zu sagen, wie er einmal schrieb, in einem seiner Gedichte. So oder so ähnlich kommt er mir vor, wenn er ein wenig in sich zusammengesunken am Tisch sitzt und überlegt, bevor er, immer wieder unterbrochen von Gedanken und Worten und Buchstaben und Lauten von Ähs und Hms, erzählt.

Er hat nicht Germanistik studiert, kam auch nicht über den Journalismus zum Schreiben, wie viele andere. Nein, er hat durch das Lesen zum Schreiben gefunden. Durch „existentielles Lesen", wie er selbst sagt. Günter Eich, Günter Bruno Fuchs, Walter Helmut Fritz. Nach der zehnten Klasse, 17-jährig, brach er das Gymnasium in Rottenburg ab, weil er „scho immer a schlechter Schüler war". Dann begann er 1977 eine 3-jährige Bankkaufmannslehre bei der Kreissparkasse und schloss diese auch ab. „Man isch halt neigrutscht", erklärt er dazu lapidar und ein wenig frech schmunzelnd, als hätte er gerade noch einmal den Kopf aus dem plattmachenden Panzerschrank gezogen. Die Eltern waren zufrieden, er weniger. „Danach wusst man, was man net will." Und was man, also er, Walle Sayer, will auch. Inmitten der Zahlen hat er die Wörter für sich entdeckt. Zwischen den Kontoauszügen, die Lyrik. Das *Ich* weniger. Selten verwendet er es im Gespräch. Das Ich. Im Gedicht auch nicht. „Ich benütz lieber koi Ich im Gedicht", bekennt er freimütig, und alle die es tun, scheinen ihm ein wenig suspekt zu sein. Mit oder ohne Ich wurde ihm die Literatur eine Art Surrogat für das komplizierte und undurchschaubare Leben. Oder: „Literatur als Gegenwelt", wie es Walle Sayer viel präziser ausdrückt. „Man hat in den Gedichtn des gfunden, was man im Berufsalltag vermisst hat."

Die Herkunft lang schon vor mir da. / Koordinaten: auf etwas zu, von etwas weg. / Ein Zirkelstrich, in dem der Ort versinkt./ Ein Happy-End, das schlecht ausgeht./ Damit ließ es sich beginnen.

Nur ein paar Monate hat er nach der Ausbildung im Bankkaufmannsberuf gearbeitet, bis er feststellen musste: das ist es nicht. Das kann es nicht sein; für sich, für ihn, das Ich. Das Leben. Was es dagegen war und immer mehr wurde, war die Literatur und das Schreiben. Aber vom Schreiben leben schien unmöglich. Möglich war dagegen die Bewerbung für ein Vorpraktikum in einem Kindergarten, das er nicht nur als einziger Mann, sondern auch als einziger Bewerber mit Anfang zwanzig dann letztendlich bekam. Auch auf die Gefahr hin, sich in der Dorfgemeinschaft gänzlich – als Gedichte schreibender Bankkaufmannsabbrecher – zum Paria zu machen. Darauf angesprochen lacht Walle Sayer, diesmal herzhaft und befreit. „Ha, i war scho integriert", sagt er, trotz des Vorpraktikums in der Frauendomäne und den selbstverfassten Gedichten. „Wegen dem Fußball", wie er hinzufügt. „I war a ganz guter Fußballer." Das nötigt Respekt ab bei den Dörflern und wiegt den verloren gegangenen allemal auf. „Irgendwo isch ma doch normal – suschpekt aber immer."

Die Erzieher-Laufbahn wurde es, trotz dreivierteljährigem Vorpraktikum, dann doch nicht. Dafür kurzzeitig der Zivildienst in einem Heim für Schwererziehbare. Anschließend hing er zwei Jahre, noch bei den Eltern wohnend und von ihnen toleriert, Gedichte schreibend herum, wie er selbst behauptet. „Einfügen in a Inschtitution, Bank oder so, wollt man sich dann net mehr." Danach kamen dann „zwölf Semester Gaststätte", wie er amüsiert feststellt. Leben und Arbeiten in einer gepachteten Kulturgaststätte in Horb-Nordstetten, von 1985 an, eine Art Traum und für sechs Jahre die Annäherung an ein Ideal. Das Leben in einer WG über der Gaststätte, die er mit Freunden zusammen betrieb. Arbeiten hinter dem Tresen, in der Küche, und gleichzeitig kulturelles Engagement als Kleinkunstkneipe, als weites soziokulturelles Biotop in der engen, dörflichen Gemeinschaft, mit Lesungen und Kabarett. Und dazwischen immer wieder schreiben. 1984 erschien sein erster Gedichtband, *Die übriggebliebenen Farben*, mehr oder weniger unbeobachtet von der Öffentlichkeit.

Damals, / ein Wort in das ich hinabfalle, / Bilder in die ich hineinstürze, / bis etwas da ist, das mich / auffängt …

Aber irgendwann war auch dieser Traum ausgeträumt, die Annäherung an das Ideal verwirkt. Das erste Kind, ein Sohn, wurde geboren und das Leben von Walle Sayer änderte sich mal wieder kolossal, als stünde ständig Rainer-Maria Rilke mit seinem „Du musst dein Leben ändern!"

Pate. Zweierbeziehung mit Kind in einer Wohnung am Rande von Dettingen und Arbeit als Nachtbereitschaft in einem Heim für psychosomatisch Erkrankte, „mit 20 Leut, vom Alkoholiker bis zum Demenzkranka."

Wovon lebst du, ist immer die erste Frage. Nie will jemand wissen wofür. Es geht, sage ich, und verschweige wohin.

„Bezüglich der Arbeit die glücklichschte Zeit", wie Walle Sayer mit Blick auf die Vergangenheit bemerkt. Und literarisch auch erfolgreich. 1994 erschien *Kohlrabenweißes – Menschenbilder, Ortsbestimmungen*, in dem er auch die Erfahrungen und Beobachtungen, die Lebensgleichnisse aus dem Heim verarbeitet. Dafür erhielt er im selben Jahr den Thaddäus-Troll-Preis. In der Laudatio sagte Professor Hermann Bausinger: „Tradieren heißt weitergeben, von Alten an die Jungen, und Walle Sayer erzählt wunderschöne Beispiele, wie diese direkte Tradition funktioniert, die nichts mit den alten Germanen, aber viel mit den Eltern und Großeltern zu tun hat."

Das Heim für psychosomatisch Erkrankte wurde kurze Zeit später insolvenzbedingt dicht gemacht. „Irgendwo hört immer alles auf, wo i bin", stellt Walle Sayer plötzlich im Gespräch fest, ebenso überrascht wie amüsiert. Und kann etwas Neues beginnen.

Der lange Atem oder die kurze Spanne. / Die Zimmerdecke oder die Lufthoheit. / Eine Wundklammer oder eine Geldbanderole. / Alles oder jetzt / und nichts oder nie.

Walle Sayer wird nach der Geburt des zweiten Kindes zum Hausmann. Während seine Frau einer geregelten Arbeit als Erzieherin nachgeht, bleibt er zu Hause, kümmert sich als Mann, lange noch bevor es für Politik und Regierung zum populistischen Thema wird, um die Kinder und den Haushalt, ganz selbstverständlich: Manchmal scheint die

Provinz der Metropole, der Pragmatismus der Ideologie eben einen Atemzug voraus zu sein, ohne davon großes Aufsehen zu machen. Einfach so. Für Walle Sayer war es auch wieder eine kleine Annäherung an ein Ideal. Während nämlich die Frau bei der Arbeit ist und die Kinder in der Schule sind, kehrt Ruhe in der Wohnung ein.

Die Oberfläche, starr im Licht, du kannst / nur noch eintauchen jetzt oder untergehn.

Walle Sayer sitzt dann an seinem alten, rustikalen Schreibtisch, der so manch geballte Herrgottsakraments-Faust vertragen kann, vor seiner alten *Triumph*-Schreibmaschine in seinem Arbeitszimmer und widmet sich der langsam und gleichmäßig verstreichenden Zeit und dem, was ihm dazu einfällt. Ihm gegenüber und ihn umgebend lauter Bücherregale, darin in zwei Reihen, hintereinander, vor allem Lyrik. Klar. Brambach, Celan, Eich, Hölderlin, Hilbig, Kaschnitz, Rilke, Schindel, Skácel. Alphabetisch nach den Anfangsbuchstaben geordnet. Rechts vom Schreibtisch ist das große Fenster, das den unbeschränkten Blick zum Waldrand, wo der *Cisalpino* von Stuttgart kommend nach Mailand vorbeirauscht, freigibt. Dem kann dann Walle Sayer hinterhergucken und nachdenken und sich für Momente – einer Fernando-Pessoa-Maxime verpflichtet „Existieren ist reisen genug" – mitnehmen lassen, weg von hier und in Gedanken unterwegs sein, immer weiter, fernab der Provinz. „Da wo man isch, hat immer weniger zu tun mit dem, wo man sich aufhält." Um dann schlussendlich doch wieder hierher, auf diesen Stuhl, am Fenster, nach Dettingen zurückzukehren, an seine Triumph mit dem eingespannten leeren, weißen Blatt Papier. Das ihn fordernd anguckt und zu dem er erschöpft zurückschaut, sich in der weiß schimmernden Leere spiegelt. „Ich hab immer des G'fühl, es entsteht nix", sagt er und lacht, kurz, verlegen, als müsste er sich rechtfertigen. Nicht vor dem Anderen, vor sich selbst. Und wieder fällt es mir auf, dass er so oft von *man* redet, wenn er *sich* meint. Fast immer. Es ist die Distanz zu sich selbst. Das Ich scheint ihm suspekt. Nicht nur im Gedicht. Was dem Gedicht nützt, kann dem Leben nicht schaden, da vor der Schreibmaschine sitzend, den Blick auf das eingespannte, weiße Papier. Man sieht ihm die Stunden an, vor dem leeren Blatt, mit dem Blick am Waldesrand beim Cisalpino. „Es isch scho a stockende Art", sagt er nachdenklich. Und dann fällt ihm sein Großvater ein, der als Frührentner immer schon morgens um sieben in seine Werkstatt in den Keller verschwunden war. Niemand wusste, was er da unten den lieben langen Tag getrieben hat, bis er abends dann wieder hochgekommen ist. „Ich weiß net, was er gmacht hat und ob er was gmacht hat", sagt Walle Sayer und fügt hinzu: „Ähnlich isch es bei mir auch. Es isch a langsame Arbeitsweise. Der Lyriker lebt mehr von der Wahrnehmung, von den Augenblicken. Man muss manchmal auf die geschenkte Zeile warten."

Aug um Aug und Kuß um Kuß / Mindesteinsatz gibt es nicht, / sei kein Schmerzverderber, / komm, mach deine gute Miene, / wir spielen's aus und nehmen / Würfelzucker: weiß gewinnt.

Bis zum Mittag, bis die beiden Kinder nach Hause kommen, hat er Zeit für das Warten. Dann wird das Warten jäh beendet. Von dem 15-Jährigen, der den Vater schon um einen Kopf überragt und der 11-Jährigen, überaus hübschen wie aufgeweckten Tochter, die wie der Vater gerne Fußball spielt und weint, wenn Deutschland, wie unlängst während der WM geschehen, gegen Italien verliert. Kurzzeitig hat sie keine Pizza mehr gegessen, bis sie das schließlich auch blöd fand, weil die Pizza ja nichts dafür konnte.

Die Kinder sind da, die Ruhe ist dahin, der Hausmann gefragt.

„Papa was gibt's heut?"

„Pizza!"

Beide lachen wissend, während die Tochter einen Kuchen vom Teller stibitzt.

Zweimal die Woche arbeitet Walle Sayer noch als Kellner, zum einen in einem vornehmen Restaurant, zum anderen in einer alternativen Kulturkneipe. „Des Angenehme isch, dass man danach den Kopf frei hat, man kann alles ausblenden." Zusammen mit den ungefähr 20 Lesungen im Jahr kommt er damit ökonomisch hin. Die Summe aller Einnahmen ermöglicht es ihm manchmal auch, „ganz gut zu leben". Ab und zu kommen Literaturpreise – was Geld und Renommee zur Folge hat – dazu. „Wenn's kommt, dann kommt's, wenn nicht, geht's auch", sagt er fast gleichgültig und so, als ob er sich davon nicht abhängig machen will. 1997 kamen der Förderpreis zum Hölderlinpreis der Stadt Homburg und der Berthold-Auerbach-Preis. 1999 der Förderpreis der Hermann-Lenz-Stiftung. Danach kamen etwelche Stipendien hinzu. 2003 der niederländisch-deutsche Kulturaustausch in Amsterdam. 2007 das Aufenthaltsstipendium im Kloster Cismar in Schleswig-Holstein. Und 2008 ist er für ein paar Wochen mit der Kunststiftung Baden-Württemberg in Berlin. Das sind seine „kleine Fluchten", wie er sagt, um dem Dorf, der 6-Zimmer-Wohnung mit der hellblauen – oder besser: himmelblauen Vertäfelung im Esszimmer, auch ein Stück weit der Familie und dem Alltag zu entkommen, um konzentriert „schaffa zu könna."

Hier ist niemand. / Keiner ist hier da. / Nur Brandmauern zwischen alten Häusern, / in Stein gehauene Namenslisten, / und ein hoher Kirchturm, / bis kurz vor Kriegsende / noch ein Aussichtsposten für die SS. / Sie müssen sich verwählt haben. / Hier wurden die Äcker der Vorfahren längst verkauft / für ein bisschen farbig bedrucktes Papier. / Das Saatgut auf den Speichern von den Wintern / schon vor zwei Jahrhunderten verzehrt, säckeweis. / Niemand. Keiner. / Sie brauchen keine Nachricht zu hinterlassen. / Sie haben sich verwählt.

„Wenn man sich vier Wocha mal aus dem Alltag ausklinkt, dann kann man einfach andersch schreiba oder schaffa. Des isch wie ne Klausur, eine Auszeit, und sehr produktiv."

Die Folge der Produktivität sind mehrere veröffentlichte Bücher. Die letzten fünf alle im Tübinger Klöpfer & Meyer Verlag, zu dessen Verleger er ein freundschaftliches Verhältnis pflegt. Im Jahre 2000 kam der Gedichtband *Irrläufer* heraus, 2001 die Neuauflage von *Kohlrabenweißes*, 2002 *Von der Beschaffenheit des Staunens*, 2006 *Den Tag zu den Tagen*. Die Themen, Motive, Gedanken in den Büchern von Walle Sayer haben viel mit der Gegend, in der er aufgewachsen ist und heute noch lebt, zu tun. Sie sind eindeutig in der Provinz verortet, ohne aber provinziell zu sein. Es sind messerscharfe, streng komponierte Ausrisse, lyrische Versfetzen, manchmal brüchig, splittrig schön, wie das zerfaserte Ende eines umgestürzten Baumes, dann wieder klar, prägnant, scharf, als wären es nur mit wenigen Pinselstrichen hingeworfene Bilder, einer Kalligrafie gleich. Thematisch spielt bei Walle Sayer die Erinnerung an die zurückliegende Zeit eine wichtige Rolle. Die Texte sind immer auch mit Erinnerungsfragmenten angereichert oder, wie Hermann Bausinger einmal so schön schrieb: „Walle Sayer ist ein Virtuose des Erinnerns, des Sich-Erinnerns und des Andere-Erinnerns. Walle Sayer lebt in der Vergangenheit, die noch in die Gegenwart hineinbricht, und die sich nur schwer behaupten, manchmal schon kaum mehr bemerkbar machen kann. Er ist Anwalt dieser versinkenden Lebenswelten." Ja. Auch, aber nicht nur. Denn ist nicht die Erinnerung unverzichtbares Gleitmittel für Gegenwärtiges? Und das Herz keineswegs eine anonyme gesichts- und geschichtslose Metropole, sondern ein zuckender Muskel, in dem sich *Heimat* wie eine eingerollte Katze wärmend auf die Herdplatte zurückzieht und Erinnerung kostenfrei als Untermieter wohnt? Ob im Gedicht oder in der Kurzprosa, ob als Miniatur oder Skizzen von Menschenbildern – Walle Sayer ist ein Meister dieser kurzen Form. Und der niemals endenden Erinnerung.

Laßt uns lieber die Erinnerungen / fälschen, / so wie die Unterschrift der Eltern / im Klassenarbeitsheft. / Erzählt die anderen Geschichten. / Macht aus jeder Wahrheit eine Anekdote, / die zum Lachen reizen soll. / Und fragt zurück, wer noch weiß, / wieviel Pfand es damals gab / für eine im Straßengraben gefundene Bierflasche, / wie viel Zehnpfennige / für den abgeschnittenen Schwanz / einer Schermaus. / Erzählt, damit ein jeder ahnt, / wo er sich verloren hat.

„Und wann kommt das nächste Buch?", will ich wissen. Daran arbeitet Walle Sayer gerade. Und wenn es fertig ist, muss es erst einmal liegen bleiben, reifen wie ein guter Wein. „A halbes Jahr, bis a Jahr", sagt er, und: „wahrscheinlich 2009." Und macht den Eindruck, als stünde die Zeit als Verbündeter auf seiner Seite und hätte zusammen mit ihm keine Eile. „Und wie wäre es mal mit einem Roman?", frage ich. Walle Sayer schüttelt vehement den Kopf, als hätte er es schon einmal versucht oder zumindest mehrfach darüber nachgedacht. „Der Inhalt sucht sich sei Form selber", sagt er, legt die Stirn in Falten und ergänzt: „Wenn man a ruhiger, wortkarger Mensch isch, dann möcht man so wenig wie möglich saga, man möcht dann Gedichte schreiba, die für sich sprechen und über sich hinausweisen."

Das tun sie allemal.

Und der Junge, der gleich ums Rumgucken Hochwasserhosen tragen wird, allein gegen die kahle Hauswand dasteht, seit ewig und einem Augenblick, also immer schon, und mit einem seltsam verzierten Trichter oder Füllhorn in der Hand lächelt, tapfer, seine ganzen Schuljahre noch vor sich, für den einen Lernschritt hin zum Unbenotbaren.

Es ist wie es ist. *Ist der Himmel ein blaues Klaffen über den Dächern.*

Die Frau kommt mit einem blauen Kleinwagen von der Arbeit angefahren, grüßt und verschwindet gleich wieder. Ich verabschiede mich auch. An der Garderobe im Flur bemerke ich beim Hinausgehen einen VFB-Schal. Vermutlich von der Tochter, denke ich, vielleicht auch vom Vater selbst. Es fällt gar nicht schwer, sich den Dichter Walle Sayer mit dem Schal vom VFB Stuttgart um den Hals vorzustellen, am Spielfeldrand, ruhig, in sich ruhend, vielleicht sogar ein wenig sympathisch-phlegmatisch, mit einem leicht entrückt-verzückten Lächeln um den Mund. Auch ein wenig aus der Zeit gefallen, bloß da: *Und blicke in das Drachenauge dieses Tages.*

Im Radio meines Wohnmobils singt Daniel Johnston. Ich denke an die Gedichte von Walle Sayer, an seine ganz eigene, unverwechselbare lyrische Stimme und seinen ganz eigenen,

poetischen Sound – *Es geht, sage ich, und verschweige wohin* – und singe mit, während Dettingen im Rückspiegel
langsam verschwindet.

*Mäuserascheln, Katzenzwitschern, was / nicht geschah,
vergißt sich leichter, / dirzulieb nur, mirzuleide, mach / die
Augen zu und zähl bis null.*

Flüchtige Begegnung (4)

Auf dem KZ-Friedhof Schörzingen liegen 549 Tote der Au-
ßenlager des Konzentrationslagers Natzweiler/Strutthof. Sie
sind Opfer des Unternehmens ‚Wüste‘, das noch in den letzten Kriegsmonaten des Zweiten Weltkriegs durch die Ge-
winnung von Treibstoff aus Ölschiefer die Rohstoffbasis des
bereits verlorenen Krieges sichern sollte. Für dieses Projekt
wurden ab Ende 1943 auf dem Gebiet des heutigen Zollernalbkreises sieben Lager eingerichtet und die KZ-Häftlinge
als Zwangsarbeiter eingesetzt. Die KZ-Häftlinge stammten
aus fast ganz Europa. Im Frühjahr 1945, als die Front immer
näher rückte, wurde das Unternehmen Wüste aufgegeben
und ein Teil der Häftlinge mit Bahntransporten nach Dachau
gebracht, die übrigen Richtung Oberschwaben auf den ‚To-
desmarsch‘ geschickt. Als die französische Armee einmar-
schierte, fand sie neben den Produktionslagern und den ver-
lassenen Lagern drei Massengräber vor, in denen die Opfer
des Unternehmens Wüste verscharrt worden waren. Im Mai
1945 wurde in Schörzingen das erste dieser Massengräber
geöffnet. Im August 1945 und im November desselben Jahres die anderen beiden in Schömberg und Bisingen, und die
Toten auf dem gleichnamigen KZ-Friedhof bestattet.

Flagge auf halb zwölf
und Haxenfest mit Dixie

„Ich war noch nie ein ganz Normaler!", sagt er und
seine Frau, die gerade aus der Küche kommt, fügt
in einer Mischung aus Bewunderung und Verlegenheit,
als wollte sie ihn bestätigen, hinzu: „Wirsch au nemme
werra!"

Camping im Herbst,
ein Campingplatzbesitzer mit Visionen und
die beschränkte Freiheit der Kleinbürger

Ganz im Westen der Schwäbischen Alb liegt das Obere Schlichemtal. Mittendrin, unweit des historischen Städtchens Schömberg und über dem Ufer eines Stausees, finden Campingfreunde ihren Platz für jede Jahreszeit.

Ein Tabbert Comtesse 530. Baujahr Mitte der 90er Jahre, vermutlich. Davor ein Vorzelt, braun-weiß gestreift, mit Fenstern, davor weiße, leicht verblichene Gardinen. In der Scheibe ein Amulett von Hinterglasmalerei, Sonnenblumen, ebenfalls nicht mehr ganz frisch, so, als ob es schon länger im Fenster hängen würde. An der Tür eine Glocke aus Metall, daneben ein Schild, auf dem mit weißen Buchstaben auf schwarzem Grund *Willkommen* steht. Darum herum ein kniehoher Gartenzaun, rustikal, massiv, aus Holz mit der Farbe von Kot. Ein Gartentürchen mit einem von Grünzeug bewachsenen Rundbogen aus Eisen. Vereinzelte Winterrosen dazwischen. In den Boden eingelassene Steinplatten, die vom Eingang durch den Garten zur Tür führen. Davor ein Fußabstreifer. Gelbe Veilchen in vier kleinen Tontrögen unter den Fenstern. Ein Tisch, vier zusammengeklappte Gartenstühle, die den Sommer längst schon abgeschrieben haben. Ebenso zwei Sonnenschirme, eingeklappt und zusammengebunden, winterfest, wartend auf die nächste warme Jahreszeit. Ein Grill mit Kamin, kalt wie die Außentemperaturen Ende Oktober. Verrutschte Fußmatten, bedeckt mit verwelkten Blättern. Über dem Wohnwagen und dem Vorzelt, an einer faustdicken Metallstange, eine Satellitenschüssel der Marke *zehnder*, auf Empfang ausgerichtet. Daneben und noch etwas höher eine Flagge der Bundesrepublik Deutschland, ausgebleicht vom vielen Regen, der Kälte und den langen Wintern, auch ein wenig schlapp am Fahnenmast hängend.

Wer mag hier freiwillig seine Zeit verbringen?, denke ich und versuche, da mich trotz Rufen, Klopfen und Bimmeln niemand willkommen heißen will, die Personen hinter diesem eindrucksvoll inszenierten Stillleben aus Alltag, Freizeit und Improvisation in fröhlichen Gedankenspielen zu rekonstruieren. Für die Blumen ist die Frau zuständig. Für die Satellitenschüssel, die Flagge und den Patriotismus kommt nur ein Mann in Frage. Vermutlich sind beide verheiratet, vermutlich seit vielen Jahren. Wahrscheinlich verbringen sie gemeinsam, ebenso lange, ihre Freizeit hier auf diesem Campingplatz in Schömberg im Oberen Schlichemtal am Rande des Zollernalbkreises. Im Sommer, in den Ferien, an den Wochenenden und immer, wenn der Berufsalltag es ihnen erlaubt. Vielleicht haben sie aber auch bereits ein anstrengendes Arbeitsleben hinter sich, sind bestenfalls schon in der Rente. Schlechtestenfalls arbeitslos. Es scheint auf jeden Fall so, dass sie viel Zeit hier verbringen und die vielleicht anfängliche Spontaneität längst zum routinierten Alltag geworden ist. Ein Leben wie zu Hause. Grillen mit Kamin, Schweinebauch, Steak, Würste. Während der Mann Fußball guckt und zu Deutschland hält, versucht sich die Frau in Hinterglasmalerei und holt das Bier aus dem Kühlschrank. Und die Kinder? Früher mussten auch sie mit, auf den Campingplatz, nach Schömberg, ob sie wollten oder nicht. Heute haben sie vermutlich eigene Familien und fliegen mit dem Billigflieger ab Frankfurt/Hahn nach Phuket in den Urlaub.

Oder Gran Canaria. Oder bleiben gleich zu Hause. Weil das Reihenhaus abbezahlt werden muss. Der neue Opel Antara. Oder weil man spart, für die Zukunft, da niemand weiß, wie lange der Vater beim börsenorientierten Unternehmen noch Arbeit hat.

Ein Blick durch das Fenster, an den Gardinen vorbei, schafft kaum Gewissheit.

Ein Kreuz ist zu sehen, im Herrgottswinkel, über dem Tisch. Auf dem Tisch eine Fernsehzeitung, die Fernbedienung, ein Aschenbecher, leer. Neben der Eckbank Hauspantoffeln. Alles wirkt aufgeräumt, ordentlich, als ob gerade jemand weggegangen wäre oder gleich wieder zurückkommen würde. Nur der einen Spalt weit offen stehende Kühlschrank deutet darauf hin, dass hier schon länger niemand mehr war. Durch einen kleinen Schlitz im Vorzelt riecht es wie bei einem geöffneten Schuhschrank, mit Wanderschuhen der Sorte ‚zünftig‘, mit breitem Profil. Geruch und Anblick, die bei mir keine Assoziationen auslösen: Diese Welt ist für mich so fremd, wie die schlappe Fahne am Mast. So unbegreiflich wie der Grill hinter dem Zaun. Ich bin kein Grill-Typ. Ich verspüre auch keinerlei patriotische Empfindung (auch nicht beim Anblick der Flagge) und Camping ist mir so fremd, wie dem Ehepaar im Tabbert Comtesse 530 höchstwahrscheinlich eine zenbuddhistische Klangschale oder eine Kalligraphie von Wang Xizhi.

„Hallo?"

Niemand ist zu sehen. Der Campingplatz in Schömberg scheint um diese Jahreszeit offenbar verwaist zu sein. Ich gehe an einem *Biergarten mit 100 Plätzen* vorbei, passiere eine *Terrasse mit 80 Plätzen* und betrete schließlich *Heiners Lokäle*, das *Spezialitäten-Restaurant mit 70 Plätzen* des

Campingplatzes in Schömberg am Stausee, *dort wo die Berge der Alb am höchsten sind.*

„Ja? Wen suchen Sie?"

„Sie."

Familien schätzen ihn besonders: Kinder vergnügen sich im nahen Freizeitpark, die Eltern genießen ihre Ruhe auf Plätzen hinter hohen Hecken. Und in „Heiners Lokäle" schmeckt's Urlaubern und Einheimischen gleichermaßen.

Am Tisch sitzt, wie verabredet, Heiner Burkhardt, der 67-jährige Campingplatzbesitzer und trinkt, nach beendigtem Frühstück, noch eine Tasse Kaffee. Der Mann trägt einen Bart, der an den von Professor Unrat aus dem Film *Der blaue Engel* erinnert und sieht, auf den ersten Blick, sofort sympathisch aus. Daneben sitzt seine Frau, jünger wirkend, und sagt: „Ich lass euch mal allein." Vorher stellt sie aber auch noch vor mir eine frisch gebrühte Tasse Kaffee ab.

„Danke."

„Wie wird man eigentlich Campingplatzbesitzer?", frage ich und falle gleich mit der Tür ins Haus, woraufhin Herr Burkhardt erst mal lacht. „Wollen Sie das wirklich wissen?", fragt er schließlich mit heiserer, brüchiger Stimme, leise, begleitet vom vor sich hindudelnden Radio im Hintergrund. Ich nicke. Er denkt nach, als ob das gar nicht so einfach wäre, das mit dem Campingplatz und der Frage. „1960, als knapp 20-Jähriger, hab ich einen Minigolfplatz hier neben dem Campingplatz gebaut", sagt er, und ich denke, vom Minigolf zum Camping scheint es nicht weit zu sein; aber wie kommt man um Himmels Willen auf die Idee, einen Minigolfplatz zu bauen? „Zwei Freunde und ich haben im Urlaub in Italien einen Minigolfplatz beobachtet", sagt Herr

Burkhardt, „und da haben wir uns gesagt: Der Italiener verlangt umgerechnet 2 Mark Eintritt, den ganzen Tag hat's da Leut, der verdient ein Schweinegeld und macht nichts." Der Beobachtung der drei gewieften Schwaben folgte die messerscharfe Schlussfolgerung. „Also haben wir beschlossen, wenn wir wieder zu Hause sind, dann bauen wir hier am Stausee auf einem Gemeindegrundstück auch einen Minigolfplatz." Das ist nicht nur ein Campingplatzbesitzer, der den Minigolf-Sport für die Schwäbische Alb entdeckt hat, denke ich, das ist ein schwäbischer Visionär mit Hang zum Geldverdienen. Herr Burkhardt lacht, macht eine kurze Pause, als wollte er meinen Gedanken den notwendigen Platz einräumen, räuspert sich mehrmals, während ich der Vision noch ein wenig nachhänge und denke: Folgt nicht immer der Vision auch gleich, Gewehr bei Fuß, die visionskillende Bürokratie? Als wollte er mich bestätigen, sagt Heiner Burkhardt: „Dann sind wir aufs Rathaus in Schömberg und haben gesagt: Wir wollen hier einen Minigolfplatz bauen. Dann hat der Bürgermeister, einschließlich des Gemeinderates gefragt: ‚Was isch na des?'" Herr Burkhardt lacht. Ich lache auch, das Bild der völlig ahnungslosen und konsternierten Gemeinderatsmitglieder vor den wässrigen Augen. „Dann haben wir es ihnen erklärt und gesagt, in Konstanz gibt es einen. Dann haben der damalige Bürgermeister, selber sehr gewichtig, mit drei ebenso gewichtigen Gemeinderäten, in einem DKW Junior einen Ausflug gemacht nach Konstanz und da den Minigolfplatz besichtigt. Nach der nächsten Gemeinderatsitzung, ein paar Wochen später, kam dann das Ergebnis: ‚Jawohl, ihr könnt des machen. Aber es muss in zwei Jahren ein Minigolfplatz sein, oder das Gelände wieder so wie es war.'" Und dann ging es los. Herr Burkhardt erstellte, als Bautechniker von Beruf, die Pläne und Zeichnungen. Geld kam als Darlehen in Höhe von 2000 DM von der Kreissparkasse, dessen Leiter Burkhardts Vater war. Alles wurde selber gebaut, immer Samstagabend, nach Feierabend der beruflichen Tätigkeit. Für die Umzäunung wurde im Wald Holz geschlagen, gesägt, und daraus Pfosten gemacht. Alles von Hand. „Dann haben wir die Bahn ausgekoffert." Als die erste Bahn zu dreiviertel fertig gestellt war, war das Geld auch schon zu Ende. Und noch 17 ¼ Bahnen zu bauen. Herr Burkhardt lacht heiser. Die Väter der ambitionierten Minigolf-Bauer machten dann einen 20 000-DM-Kredit locker, sodass an der Vision weitergebastelt werden konnte. Am 28. Juli 1962 war der Minigolfplatz schließlich fertig und die Eröffnung ging über die Bühne. Aus der ganzen Gegend strömten die Menschen heran, um das erste Mal in ihrem Leben Minigolf zu spielen. Und das sollte nicht das letzte Mal sein. Der Minigolfplatz war *die* Sensation in Schömberg und kurze Zeit später weit darüber hinaus bekannt. Die Einnahmen am ersten Tag beliefen sich auf 162 DM. „Danach haben wir alles auf dem Feuerwehrfest versoffen", sagt Herr Burkhardt und freut sich diebisch dabei. Der Minigolfplatz entwickelte sich als *die* Attraktion im Oberen Schlichemtal. Ein Kiosk, in dem Eis und Getränke gekauft und die Minigolfschläger entliehen werden konnten, wurde betrieben und diverse Familienmitglieder in das Geschäft integriert. Als dann die beiden Kompagnons familienbedingt – der Vater starb und sie mussten den väterlichen Reifenbetrieb übernehmen – ausstiegen, führte Herr Burkhardt den Minigolfplatz alleine weiter. „Dann kam der Bürgermeister und hat mir den Vorschlag gemacht, den Campingplatz nebenan zu pachten." Der Campingplatz war damals ziemlich heruntergekommen und in einem erbärmlichen Zustand.

Ein Knaus Südwind 395 T. Baujahr 1993. Das Dach und die Räder sind verkleidet. Davor ein modernes Vorzelt, weiß mit grünen, gelben, roten und blauen Punkten und mit festem Dach. Über der Tür eine gelb-weiß gestreifte Markise. An der Tür mit Glasscheibe ein Schild mit zwei aufgemalten Hausschuhen und einem durchgestrichenen Hund. Daneben ein Thermometer und ein Anzeiger für die Luftfeuchtigkeit. Vor der Tür eine Terrasse aus hellem Holz. Auf der Terrasse zwei Hundenäpfe. Ein Bobbycar. Eine Lichterkette. Ein Gartenzaun umgibt das Grundstück, massiv, aus Holz. Neben dem Gartenzaun ein blaues Wasserfass und eine rote Gießkanne. Eine Satellitenschüssel auf dem Dach, auf Empfang ausgerichtet. Ein Gartenzwerg, Pfeife rauchend, neben der Dachrinne. Ein Blumentrog mit Winterpflanzen und einer Fackel. Daneben ein Plastikhund auf einem Stein, mit einem Knochen im Maul und einem Schild um den Hals auf dem *Herzlich Willkommen* steht.

„Hallo?"

Niemand zu sehen. Die Besitzer, eine junge Familie vermutlich. Mit Kindern und Hunden. Sehr wahrscheinlich von beidem zwei. Junge und Mädchen. Leonie und Lucas, zwei Jahre auseinander, vier und sechs. Oder sechs und acht. Ein Dackel und ein Terrier. Tim und Struppi. Oder zwei Terrier. Der Vater arbeitet in einer Festanstellung, Ingenieur, mit gutem Einkommen, beim Daimler vielleicht oder bei Porsche, auf jeden Fall etwas Zukunftsbeständiges, die Mutter erzieht die Kinder. Zweimal die Woche verdient sie etwas dazu. Halbtags. Als Verkäuferin, auf 400-Euro-Basis. Ansonsten hält sie die Wohnung sauber. Oder das Einfamilienhaus, am Speckgürtel, in einer Wohnsiedlung von Stuttgart. Und hier den Knaus Südwind. Wenn sie in den Ferien die Natur genießen. Am Stausee baden, wandern und sich wohl fühlen. Manchmal auch an verlängerten Wochenenden. Ab und zu kommen auch die Großeltern, dann wird es eng im Südwind. Dann schläft der Vater mit Lucas im Vorzelt. In der Dunkelheit, kurz vor dem Einschlafen, flüstern sie noch beide und kichern gemeinsam ziemlich kindisch, als wäre auch der Vater ein Kind, während die Mutter von innen „Jetzt ist aber ruhig, ihr beiden da draußen!" schreit. Und dann ist es auch tatsächlich ruhig. Und beide schlafen und beide träumen. Der Junge von einem Polizeimotorrad mit Elektroantrieb. Und der Vater von der allein erziehenden Nachbarin, die wie Veronica Ferres aussieht und ihm immer zulächelt, wenn er vor dem Haus, auf der Terrasse in der Wohnbausiedlung, eine Zigarette raucht. Das letzte Mal hat er schüchtern zurückgelächelt.

Hier finden Radfahrer und Wanderer Wege auf Berge über 1000 Meter hoch; durch Wälder und Wacholderheiden und entlang des Flüsschens zu verträumten Dörfern. Und Sagenwanderungen führen zu verwunschenen Orten und ihren Mythen.

„Also haben wir den Campingplatz übernommen", sagt Herr Burkhardt, als wäre es das Selbstverständlichste von der Welt. „Und ein Gebäude gebaut, mit Toiletten, Waschgelegenheiten, Kiosk, Getränken", als wäre das noch viel nahe liegender. Und fügt hinzu: „Dann war das ruckzuck eine Gaststätte. Eine Campinggaststätte."

Da die Bau- und Architekturbranche Anfang der 70er Jahre nicht gerade auf Rosen gebettet war, schied Herr Burkhardt 1975 aus dem Architekturbüro, bei dem er bis dahin beschäftigt war, aus, machte aus der Not eine Tugend und wurde flugs, bevor er ebenso flugs geschieden war, zum

Vollerwerbs-Campingplatzbetreiber mit Gaststätte. „Da hab ich mich schlau gemacht als Koch, und dann haben wir Kneipe gemacht" – er und seine neue Frau. Bis heute.

Heute steht Frau Burkhardt in der Küche und schmeißt die Gaststätte und Herr Burkhardt betreibt den Campingplatz, der im Jahre 2000, als Camping noch richtig boomte, um ein neues Sanitätsgebäude erweitert wurde, sodass der Campingplatz im Niveau mehrere Stufen nach oben kletterte und sich mittlerweile vier Sterne an die Campingbrust heften darf. Damit das so bleibt, beginnt der Tag von Herrn Burkhardt um 6.30 Uhr in der Früh. Ab 8 Uhr sitzt er in seinem Kabuff am Campingplatz, nimmt die neuen Anmeldungen auf, macht die Abrechnungen für die Abreisenden fertig und serviert zwischendurch, bei Bedarf, auch noch das Frühstück für die Camper. „Es gibt auch Pauschalangebote", sagt Burkhardt. „Zwei Übernachtungen mit Frühstück für 32 Euro, inklusive Kinder." Bis 20 Uhr und manchmal auch darüber hinaus geht sein Tag, an dem er nicht nur Mädchen für alles und vor allem für die Camper ist, sondern auch die Buchhaltung auf Vordermann bringt, die E-mail Anfragen beantwortet und den Dauercampern mit Rat und Tat und immer mit einem offenen Ohr zur Seite steht. „Schon von Anfang an hatten wir Dauercamper", sagt er, sodass der Platz zweimal vergrößert werden musste, mittlerweile an der Kapazitätsgrenze angelangt ist und 100 Plätze fasst. Davon sind zurzeit 57 Dauercamper, der Rest wird freigehalten für Tagesgäste und Spontancamper. Das war früher schon so und ist heute nicht anders. Die Mischung muss stimmen zwischen den Dauercampern, deren Wohnwagen immer hier stehen und den Tagesgästen, die nur für ein paar wenige Übernachtungen, zum Teil von weit angereist, hierher kommen. Internationale Gäste gibt es hier zuhauf, es sind vorwiegend Franzosen und Belgier. Auch mal Neuseeländer. „Und natürlich Käsköpf", sagt Burkhardt und meint die unangefochtenen Campingweltmeister aus Holland. Die Dauercamper kommen im Sommer fast jedes Wochenende und dann vor allem im Urlaub. Im Winter nur sporadisch. Wenn es auf Weihnachten zugeht, zieht es noch einmal an. Viele verbringen dann die Weihnachtsferien hier. „Die sind top ausgerüstet", sagt Herr Burkhardt. „Heizung, Fernseher, alles." Und Gartenzaun, Satellitenschüssel, Zwerge mit Pfeifen und Schilder an der Tür: *Mit Schuhen betreten verboten*, denke ich – und einmal mehr daran, was das wohl für Menschen sein mögen, die in diesen spießig anmutenden Campingfestungen ihre freie Zeit, womöglich nicht viel anders als zu Hause, verbringen. „Querbeet durch die Gesellschaft", sagt Herr Burkhardt und erzählt, dass die Leute früher von weiter entfernt kamen als heute, zum Teil sogar aus dem Stuttgarter Raum. Früher hatten viele ihren Wohnwagen am Bodensee stehen. Als es dort aber zu teuer wurde, das Verkehrsaufkommen kontinuierlich zunahm, kamen sie hierher, um ihre Freizeit, vor allem die Wochenenden, besser und entspannter nützen zu können. „Freitagabend waren sie ruckzuck da und konnten am Sonntagabend wieder fahren." Dazwischen gibt es hier, für Freizeit und Entspannung, etliche, von der Touristik-Gemeinschaft Oberes Schlichemtal e.V. in Hochglanz-Prospekten verbreitete vielversprechende Angebote. Der Stausee, auf dem man Boot fahren und in dem man baden kann, zieht viele an. Und vor allem das Wandergebiet. Der Nordrand der schwäbischen Alb hält für die Besucher angeblich die schönsten Wanderungen bereit, die es auf der Alb gibt. Berge, die alle um die 1000 Meter hoch sind. Und wem das alles noch immer nicht ausreicht, für den gibt es dann jeden Freitag von 18 bis 20 Uhr noch die Happy-Hour in *Heiners Lokäle* – mit Extra-Karte für Camper und alles zum halben Preis.

Das Obere Schlichemtal ist ein idealer Ausgangsort für Tagestouren: nach Österreich und in die Schweiz. Ins Donautal, zum Bodensee und in den Schwarzwald. Idyllische Städte, Burgen und Schlösser, Nachbauten aus der Bronze- und Römerzeit. Höhlen, in denen unsere Vorfahren hausten – rundum Tradition und Geschichte zum Erleben. Und ein Besuch der nahegelegenen Erlebnisbäder und Museen lohnt sich auch bei schönem Wetter.

Das hat zur Folge, dass viele immer wieder kommen und seit Jahrzehnten ihre Wohnwagen nicht mehr weg und von der Stelle bewegen. Manche Dauercamper sind schon seit 30 Jahren hier auf dem Campingplatz in Schömberg. Da ergaben sich dann auch familiäre Beziehungen und werden bis heute gepflegt, zwischen den Campern untereinander, aber auch zwischen Camper und Campingplatzbesitzer. „Da sieht man auch die Kinder heranwachsen, schon die zweite Generation", sagt Herr Burkhardt, während sein eigener Sohn, Klempnermeister von Beruf, der mittlerweile zusammen mit dem Vater hier den Chef gibt, gerade die Gaststätte betritt und kurz darauf wieder verschwindet. Apropos Kinder: Herr Burkhardt versucht, auch Dauercamper mit Kindern auf den Platz zu bekommen, was gar nicht so einfach ist. Was im Übrigen weniger an den Campingwilligen mit Kindern, als vielmehr an den Campern ohne Kinder liegt. Im Laufe der Zeit eines Dauercampers sind dessen Kinder unweigerlich größer und älter geworden und haben sich längst aus dem Wohnwagen verabschiedet. Aus den anfänglichen Familien mit Kindern wurden Rentner. Und dennoch:

Auch da muss die Mischung stimmen. „Ruckzuck kriegsch an alten Scheiß zusammen", sagt Burkhardt und lacht. Neben dem Campingplatz wurde ein Zeltplatz mit Feuerstelle gebaut, speziell für Jugendliche. Da kommen dann Jugendgruppen, Schulklassen und Vereine. Jetzt, um die Mittagszeit, kommt eine Familie in *Heiners Lokäle* und fragt: „Kriaga ma ebbes?"

„Wenn ihr anständig send", sagt Herr Burkhardt und ruft nach seiner Frau.

Geselligkeit und Unterhaltung gibt es in Heiners Lokäle – beim Haxenfest, mit Volksmusik und Dixie auf der Terrasse oder im Biergarten. In der Küche kocht der Chef persönlich. Vom Frühstück bis zur Vollpension – täglich wird serviert, was die Region zu bieten hat: deftige Hausmannskost und Vesper, Spezialitäten von Fisch und Wild samt exklusiver Menüs.

Anständig im herkömmlichen Sinne war, wie es scheint, Heiner Burkhardt nie. Zumindest nicht so, wie man es hier, in dieser Region, landläufig wohl erwartet. „Ich war noch nie ein ganz Normaler!", sagt er, und seine Frau, die gerade aus der Küche kommt, fügt in einer Mischung aus Bewunderung und Verlegenheit, als wollte sie ihn bestätigen, hinzu: „Wirsch au nemme werra!"

Als Beweis greift Burkhardt, ganz nebenbei, noch einmal tief in die Kiste der Erinnerung. „Anfang der 90er Jahre hab ich in einer Fachzeitschrift für Camping gelesen, dass da eine Weiterbildung angeboten wird", sagt er. „Also hab ich, 1992, mit 52 Jahr noch mal angefangen zu studieren, in Weingarten an der Berufsakademie, vier Semester Touristik. Da hab ich dann meinen Tourismusfachwirt gemacht." Ungewöhnlich, unorthodox, denke ich, auch wenn man bedenkt, dass Burkhardt damals schon Vorsitzender vom Fremdenverkehrsverein und im Campingverband engagiert war. Und dann: wieder so einer, kommt mir in den Sinn, einer dieser Aus- und Einsteiger, einer dieser vermeintlichen ‚Originale‘, die es hier auf der Südwestalb offenbar zuhauf gibt und die in ihrer Alltäglichkeit ganz besonders sind. Oder die ihre Besonderheit aus der Alltäglichkeit speisen. Menschen, die wenig Aufsehen um sich selbst machen und sich doch eklatant von vielen, den meisten, unterscheiden. Menschen, die mitunter ganz bürgerlich leben und doch ein wenig anders ticken als die Masse, die Mehrheit, an denen auf den ersten Blick nichts Außergewöhnliches auffällt, und hinter denen sich auf den zweiten, dritten Blick ein unkonventionelles Leben offenbart, dem man staunend lauscht, wenn es in aller Bescheidenheit vor einem aufgetischt wird. Manchmal zeigen sich hinter der bürgerlichen Fassade ein rebellischer Geist, manchmal auch nur andere Vorstellungen von Leben, von Arbeit, Beruf, und manchmal sind es Kleinigkeiten, die sie so besonders machen. Aber allen wohnt immer etwas Überraschendes inne. Auch bei Heiner Burkhardt. „Es gab da nur eine Person, die älter war als ich“, sagt er in Gedanken noch ganz in Weingarten, „ein oder zwei Jahr, des war einer der Dozenten.“ Und dann gesteht er, dass ihn das Studium ungemein motiviert hätte, auch wenn er mit der Qualifikation in der Tasche gar keinen Job suchen musste: „Ich hatte ja schon einen.“

Zum Abschied packt mir Heiner Burkhardt noch eine ganze Mappe voll Prospekte ein, über den Campingplatz, das Obere Schlichemtal, Unterkunftsverzeichnisse, Wanderführer, Tourenvorschläge. Erst jetzt bemerke ich, dass er sich nur ganz langsam und beschwerlich zu Fuß fortbewegen kann.

„Schönes, neues Titan-Gelenk", sagt er, fast beiläufig. „Bin gestern erst aus der Klinik gekommen."

„Und morgen geh ich erst mal zur Kur." Quasi auf dem Sprung, denke ich und sage: „Wird schon."

Daran lässt auch er keinen Zweifel und sagt „Meine Mutter ist 96 geworden", und lacht wieder dieses heisere, spitzbübische Lachen.

Ein Hymer Eriba Nova 540. Baujahr irgendwann Ende der 80er, vermutlich. Schlechter Zustand. Mit Vorzelt, blickdichte Vorhänge. Eine verdreckte Satellitenschüssel, irgendwie schief und kaum empfangsbereit. Keine Gartenzwerge, keine Hunde, kein *Willkommen*-Schild, Blumentöpfe auch nicht – nichts was auf regelmäßigen Gebrauch schließen lässt. Komisch, denke ich, ein verlotterter, nachlässiger Dauercamper – passt gar nicht ins Klischee, als ich am Fenster, von innen, einen Zettel sehe. Schwarzer Filz auf kariertem Papier. *Zu verkaufen* steht da, handgeschrieben, mit zittriger Schrift. *Standplatz, Vorzelt, Wohnwagen. Alles komplett 3000 Euro. Tel.* Wer will den alten Scheiß denn, denke ich, die Worte von Heiner Burkhardt noch im Ohr und dann: Ein Dauercamper gibt auf, trotz Happy-Hour, Haxenfest, dem idealen Ausgangsort für Tagestouren und den Sagen der Gegend. Oder vielleicht gerade deswegen.

Kann ich gut verstehen.

Jedem ein kleines Reich für sich – dichtes Grün um Plätze schafft Ruhe und schenkt ungestörte Stunden. Und auf dem abseits liegenden Jugendcampingplatz finden junge Gäste genügend Raum, um unter sich zu bleiben.

Flüchtige Begegnung (5)

In einem Brillenfachgeschäft in der Innenstadt von Albstadt erstehe ich für 5,90 Euro eine namenlose Sonnenbrille mit „UV 400" und „Filter 2".

„Was bedeutet Filter 2?", will ich vom Brillenfachverkäufer wissen.

Lange muss der Fachverkäufer nicht nachdenken, schon kommt aus des Fachverkäufers Mund: „100% UV-Schutz!"

Noch nicht ganz zufrieden mit der Antwort frage ich: „Soll das heißen, ich werde damit nicht blind?"

Er: „Normalerweise nicht."

Freitag um halb zwei bekomme ich einen Einblick in gelebte schwäbische, oft als Klischee (außerhalb des Schwabenlands) verdammte und belächelte Tradition (ebenfalls außerhalb des Schwabenlands). In der Albstädter Innenstadt geht eine 83-jährige Frau mit großer Sorgfalt und ebenso großem Kehrbesen und kleiner Kehrschaufel dem schwäbischen Ordnungs- und Reinlichkeitsbestreben nach. Sie kehrt selbstvergessen das Trottoir.

„Ist nicht erst Samstag der Kehrwochentag?", frage ich.

Sie guckt auf, dann um sich, anschließend auf das Häufchen Dreck vor ihren Füßen und sagt: „Wenn's drecket isch, muss ma au mal früh ran."

Das leuchtet ein.

Die Wiege und der Laufstall des deutschen Autorenkinos

Natürlich kam Werner Herzog persönlich nach Biberach zur Aufführung von seinem *Kaspar Hauser – jeder für sich und Gott gegen alle* und war derart begeistert, dass er in Kutters Gästebuch schrieb: „Biberach ist unser neuer Stützpunkt des deutschen Films. Und das werde ich allen Kollegen erzählen."

Adrian Kutter, der cineastische Geburtshelfer,
seine Biberacher Filmfestspiele und
die vollen Hosen von Peter Handke

Schlöndorff, Wenders, Herzog, Kluge, Reitz, Bohm, Vils-
maier, Hauff, Geißendörfer, Emmerich, von Trotta, Verhoe-
ven, Brandauer – um nur die Berühmtesten, die Bekann-
testen zu nennen; alle waren sie beim ‚Familientreffen der
deutschen Filmemacher‘, haben ihre Filme gezeigt, präsentiert, wurden beschimpft, gefeiert, bejubelt und haben sich
in endlos scheinenden Diskussionen dem festivalerprobten
Publikum gestellt. Jedes Jahr, immer im Herbst, immer Ende
Oktober, Anfang November, seit 29 Jahren, feiern die Filmfestspiele Biberach im Oberschwäbischen fünf Tage lang den
neuen deutschen Film. Ein Filmfest, das seinesgleichen
sucht. Und nicht findet, zumindest in Deutschland nicht.
Ein Filmfestival, bei dem der Film und die Macher, die Zuschauer und die Cineasten im Vordergrund stehen und alles
andere keine oder nur eine unwesentliche Rolle spielt. Rote
Teppiche gibt es hier nicht, Smokings bleiben im Schrank,
Champagner in der Flasche. Blitzlichtgewitter ist obsolet,
Schein und Glamour haben keinen Platz. Alles ist von Über-
flüssigem und Unnötigem bereinigt, was zählt sind die 24
Bilder in der Sekunde und die, die sich davon faszinieren lassen. Vergiss die Berlinale, Venedig ist ein Medienspektakel,
Cannes ein Promi-Auflauf – Biberach hingegen unverwech-
selbar, einzigartig und vor allem authentisch. Vielleicht ist
ein solches Filmfestival nur in der Provinz denkbar, fernab
der Metropolen, jenseits der Zentren, ganz am Rand, weil
weniger verführbar für den faulen Zauber, kaum empfäng-

lich für den blendenden Schimmer, nur dem Wahren, Wirklichen verpflichtet. Müsste also ein Filmemacher, ein Zuschauer, ein Filmfestival aus der hohlen Faust heraus erfinden, es könnte nur so aussehen wie das in Biberach. Hand drauf!

Aber vermutlich ist es doch ganz anders. Viel bescheidener, einfacher als gedacht. Vielleicht ist das Erfolgsrezept, die lange, erfolgreiche Traditionsgeschichte dieses schwäbischen Filmfestes, der *spirit* von Biberach, auf nur einen einzigen Kopf zu reduzieren. Vielleicht ist das Geheimnis dieser fast drei Jahrzehnte währenden Filmhuldigung nur in einer Person begründet: Adrian Kutter – der Erfinder, der Macher, der Leiter, der Spiritus rector der Biberacher Filmfestspiele und gleichzeitig, bis vor kurzem noch, Besitzer des *Sternen-Palasts*, des Biberacher Filmtheaters, in dem dasselbige, jedes Jahr von neuem, deutsche Regisseure und ihre Filme in Biberach präsentiert. Wenn man Adrian Kutter bei den Filmfestspielen erlebt, wie er sich leidenschaftlich engagiert und ganz persönlich für *seine* ausgewählten Filme ins Zeug legt, sie umschmeichelt, bewirbt, für sie streitet, das Wort erhebt, und vor jedem *screening* in einer Mischung aus Herzlichkeit und großem Sachverstand von seinen ganz individuellen Vorlieben für den Film erzählt, dann fängt man langsam an, das Phänomen Biberach zu verstehen. Man merkt, dass hier einer aus tiefster Überzeugung eine Gegenwelt verkörpert, einen Gegenentwurf zeichnet, wie mit Filmen und Filmemachern in diesem Land umzugehen ist, ob es nun die großen, millionenschweren Produktionen mit ihren berühmten Regisseuren und den noch prominenteren Schauspielern sind oder die kleinen, innovativen No-Budget-Independent-Filme, mit den völlig unbekannten Filmemachern und

Debütanten, ganz egal. Adrian Kutter ist ihr Fürsprecher, ihr Beschützer, das Sprachrohr, das für das Wunderwerk Kino trommelt, als ginge es um viel mehr als um bewegte Bilder, als ginge es ums eigene Hemd. Einer, dem der Film am Herzen liegt, und der das Kino als intellektuelles wie emotionales, als visuelles wie visionäres Erlebnis feiert. Und die Zuschauer feiern mit und danken es ihm: kaum eine Vorstellung, die während des fünf Tage andauernden Festivals, nicht ausverkauft ist. Am Ende flimmern dann jedes Jahr über 30 Lang-Filme und knapp 15 Kurz-Filme, die in diversen Wettbewerben um die verschiedenen Trophäen, die *Biber*, streiten, über die Leinwände und über 10 000 Zuschauer gucken ihnen dabei gebannt zu.

Ein paar Wochen später, die Filmfestspiele sind längst zu Ende, treffe ich Adrian Kutter in seiner Wohnung, die sich im ersten Stock des SternenPalast-Kinos in Biberach befindet. Er sieht ein wenig erschöpft aus, angespannt, müde, wie er aufrecht hinter seinem Schreibtisch im Wohn- und Arbeitszimmer sitzt, während ich bei einem kurzen Blick ins Zimmer sinniere, dass der Begriff Wohnung die denkbar schlechteste Beschreibung für diese Keimzelle eines umtriebigen Kinomachers zu sein scheint. Es ist vielmehr ein kreatives Chaos, ein inspirierendes Durcheinander – Privates lässt sich von Beruflichem kaum trennen, alles verschwimmt, wird eins, für den Außenstehenden nicht unterscheidbar; für ihn selbst manchmal höchstwahrscheinlich ebenso wenig. Überall Ordner, Kassetten, DVDs, Bücher, Plakate, Fotos, Schriftstücke und Regale, auch vor den Regalen – kein Zentimeter, der hier in seinem Wohn- und Arbeitszimmer nicht bedeckt ist. Aber nicht nur mit Gegenständen ist dieser Ort überfüllt, sondern auch der nicht minder spürbare Geist der Vergangenheit und Erinnerung scheint hier gegenwärtig zu sein und prägt dieses Lichtspieltheater und Kinomacher-Leben mit, im und für das Kino. In dritter Generation und in der mittlerweile vierten – nach Weimarer Republik, Drittem Reich, BRD und Gesamtdeutschland – politischen Staatsform, führt Adrian Kutter nunmehr die Lichtspiele, den SternenPalast in Biberach, durch das bundesrepublikanische Kino-Universum. Angefangen hat sein Großvater mit der Gründung des mit damals etwa 300 Plätzen ausgestatteten Kinos 1912, als eines der ersten stationären Kinos in Deutschland überhaupt und in der schwäbischen Provinz ohnehin. „Das war sensationell", sagt Kutter, lässt die Kinovergangenheit noch einmal Revue passieren und fügt, ganz in Erinnerung an seinen Großvater, der 1954 gestorben ist, hinzu: „Als Kind war ich sein Liebling, ich hab viel Zeit mit ihm zusammen verbracht" – und dabei offenbar von frühester Kindheit an die Kinoluft und Filmatmosphäre mit allen Sinnen aufgesogen. „Meine ersten Kinobilder habe ich während der Franzosenzeit, kurz nach dem Krieg erlebt. Von der Wohnung aus gab es einen direkten Zugang zum Vorführraum im Kino. Klar, dass ich als Kind neugierig war und ab und zu mal reingeschlüpft bin, in den Vorführraum. Nicht zur Freude meiner Mutter. Wenn sie mich entdeckt hat, hat sie mich immer mit dem Teppichklopfer abgeholt." Das konnte aber den kleinen Kutter offenbar nicht daran hindern, sich immer wieder von den bewegten Bildern berauschen zu lassen. Ein junger Filmvorführlehrling namens Hubert, mit dem sich der kleine Adrian angefreundet hatte, stellte ihm eine Kiste unter eines der Guckfenster im Vorführraum, so dass er, auf der Kiste stehend, durch das Glas hindurch zur Leinwand blicken konnte. Was er sah, verschlug ihm fast den Atem. „Ich habe einen Marktplatz gesehen, alles schwarz-weiß, tanzende Menschen in wogenden, weißen Gewändern und mit Masken", sagt Kutter und scheint noch immer von diesen ersten Filmeindrücken geprägt zu sein. Erst später erfuhr er dann, was für ein Film das war, der ihm seine ersten bezaubernden Kinoeindrücke bescherte: *Kinder des Olymp*, von Marcel Carné. Wer mit solchen Bildern groß wird, braucht sich nicht zu wundern, dass er zeitlebens der Faszination und Magie der bewegten Bilder erliegt. Damals war Adrian Kutter fünf Jahre alt und Ende 1943 von München-Harlaching zum Großvater nach Biberach gezogen. Der Vater, Anton Kutter, selbst Filmemacher mit über 50 eigenen Spiel- und Dokumentarfilmen, und als Amateurastronom auch Erfinder eines neuartigen Spiegelteleskops, des ‚Kutter-Schiefspiegler‘, lebte mit der Familie in München, wo er in den *Bavariastudios* in München-Geiselgasteig als Filmregisseur und Drehbuchautor arbeitete. Anton Kutter machte aus seinem Hass gegen die Nazis kein Geheimnis, wurde daraufhin von einem Schauspieler denunziert und erhielt im Jahre 1934 Berufsverbot, das ein Jahr später in Spielfilmverbot umgewandelt wurde. Bis 1945 schrieb Anton Kutter Drehbücher unter Pseudonym und musste Kurzfilme, wissenschaftliche Filme und Dokumentarfilme drehen. Darunter auch den ersten deutschen Science-fiction-Film, *Weltraumschiff 1 startet*.

Nach dem Krieg zeigte das Kino der Kutters in Biberach, das von den Franzosen beschlagnahmt wurde und von da an unter deren Verwaltung stand, nur noch französische Filme. Erst 1949 wurde die Filmvorführung für die normale Bevölkerung wieder freigegeben. Der Vater Anton Kutter kaufte das Kino dem Großvater von Adrian Kutter ab. 1954 baute er hinter dem *Filmtheater* ein weiteres großes Kino mit dem

Namen *Urania*. Nicht nur der Name war seiner Astronomieleidenschaft geschuldet. Auf dem Dach des Kinos installierte er die aus München mitgebrachte Sternwarte, die inzwischen zu einem Wahrzeichen der Stadt Biberach geworden ist.

Adrian Kutter legte Anfang der 60er Jahre in Biberach sein Abitur ab und sollte auf Anraten der Mutter, selbst ein gebranntes Kino-Kind mit unkonventionellem und aus ihrer Sicht nicht erstrebenswertem Familienleben, „was Anständiges lernen" – also auf keinen Fall in den väterlichen Kinobetrieb einsteigen. Adrian Kutter beherzigte zunächst den Rat der Mutter und begann eine Banklehre in Biberach. Während seiner Ausbildung half er aber nach wie vor nebenbei dem Vater tatkräftig im Kinobetrieb mit. Er gründete nicht nur einen Biberacher Filmclub und rief die alljährlichen Film- und Sommerkunstwochen ins Leben, sondern war auch programmatisch mit ins Kinoleben eingebunden. Nach abgeschlossener Bankkaufmannslehre begann er dann 1966 in Mannheim mit dem BWL- und VWL-Studium, das er, unterbrochen durch seinen Militärdienst bei der Marine als Funker auf einem Schnellboot („Da bin ich auf See in der Welt herumgefahren") 1972 abschloss. Aber auch während der acht Semester dauernden Studienzeit in Mannheim blieb er seiner Liebe zum Kino treu. Er arbeitete, da das Studium finanziert werden wollte, während der Vorlesungszeit in einem Studentenkino als Filmvorführer, Kartenabreißer und Kassierer. Nach dem Niedergang des Sozialistischen Deutschen Studentenbundes (SDS) an der Mannheimer Universität, der bis dahin auch die AStA-Filmvorführungen unter sich hatte, übernahm Adrian Kutter dieselbigen und organisierte die Filmvorführungen im Audimax. Von da an waren die zwei Vorstellungen jeden Mittwoch „rammelvoll ausverkauft", mit jeweils 800 Studenten, die aber nicht nur aus Mannheim kamen, sondern aus dem ganzen Rhein-Main-Gebiet herbei strömten. „Aus Darmstadt, Heidelberg, Frankfurt", um die von Adrian Kutter gezeigten „Klassiker der Zeit" anzugucken. „*Tanz der Vampire*, Western von John Ford", zählt Kutter auf und fügt in der Erinnerung schwelgend hinzu: „Ich habe auch Einführungen zu den Filmen gegeben und dabei das freie Reden gelernt. Das war für mich schon eine gute Schule, durch die ich gegangen bin." Und für die Zuschauer war es allem Anschein nach „ein Hit!"

Nach dem Studium wurde Adrian Kutter vom mittlerweile kränkelnden Vater mit mahnenden Worten dazu überredet, nach Biberach zurückzukommen, um dort das Kino weiterzuführen. „Er hat mich dazu genötigt", sagt Kutter rückblickend und man sieht ihm heute noch an, in welchem Dilemma er sich damals befunden haben musste. „Ich bin dann schweren Herzens nach Biberach zurück. Ich wollte eigentlich in die Industrie und hätte mit Handkuss dort einen Job gekriegt", sagt er und scheint sich noch immer nicht im Klaren zu sein, was im Nachhinein besser gewesen wäre, Kino oder Industrie. „Es war eine Mischung aus Trauer und Wehmut", sagt er, „und irgendwo hing auch mein Herz am Kino und am Film." Gut für das Kino und gut für den Film, denke ich, dass sich Adrian Kutter gegen die Karriere in der Wirtschaft und für das Kino in Biberach entschieden hat. „Da kommst du halt nicht los", sagt er, sucht nach Vergleichen und findet auch schnell einen. „Das ist wie beim Zirkus; einmal die Luft geschnuppert und du bist verloren." Und dennoch wollte er das Kino in

Biberach nicht so weiterführen, wie das vielleicht vom Vater geplant und erwartet wurde. Er hatte ganz andere, eigene Ideen und Vorstellungen, wie der Kinobetrieb der 70er Jahre, nicht nur grundsätzlich, sondern ganz konkret, auszusehen hätte. Also nicht nur wie landläufig, zu dieser Zeit und vor allem in der Provinz üblich, mit *Schulmädchenreport*, Edgar-Wallace- und Karl-May-Verfilmungen oder *Unterm Dirndl wird gejodelt* „und dem ganzen Schrott", wie Kutter es unprätentiös auf den Punkt bringt. „Ich wollte Sex und Crime nicht, ich wollte Niveau in das Ganze reinbringen. Und darauf hat sich dann mein Vater auch eingelassen." Vielleicht wider Erwarten und obwohl er dem Ansinnen und Vorhaben des Sohnes von Anfang an zweiflerisch gegenüberstand. „Er sagte immer, das wird nicht gehen. Und jedes Mal wenn das Kino voll war, war er eher zornig, weil er nicht Recht behalten hatte." Es ging nämlich doch, obgleich es ein harter Weg war, mit den neuen, ambitionierten Vorstellungen des Junior-Chefs in den 70er Jahren das Kino über die Runden zu bringen, ohne Sex und Crime „und mit dem eigenen Anspruchsniveau".

Das Biberacher Urania-Kino von Adrian Kutter wurde 1973 das erste Filmkunsttheater in der deutschen Provinz, in dem er beharrlich damit begann, anspruchsvolle deutsche Filme zu zeigen. „Da hab ich mir dann ganz viele Feinde gemacht", sagt er und meint „mit den heftigen sozialkritischen und politischen Filmen der 68er Generation", die damals den deutschen Film beherrschten. Filme von Rainer-Werner Fassbinder, Reinhard Hauff, Alexander Kluge, Volker Schlöndorff, „Filmemacher, die ganz eindeutig auch mit der RAF sympathisierten", wie Kutter meint und sich dabei heute noch ungläubig die Augen reibt, als wundere er sich noch immer, wo er damals diesen Mut und die Entschlossenheit hernahm, um solche Filme zu zeigen. „Und das mitten in der Provinz." Die Folge war auch, dass er „von den Kinokollegen angefeindet wurde, die mich als Kommunistenfreund und RAF-Freund bezeichneten." Einerseits. Auf der anderen Seite wiederum machte diese eigenwillige wie entschlossene Programmatik aber auch Furore, erregte Aufsehen, weit über Biberach hinaus, sodass das Einzugsgebiet für das Kino enorm und stetig wuchs. Die Cineasten kamen bis aus dem Stuttgarter Raum und vom Bodensee nach Biberach gepilgert, um diese spannenden und neuartigen Filme mit ihrer formalen Sprengkraft und den streitbaren Inhalten zu sehen, die ihnen woanders vorenthalten wurden. Bis aus dem Bayerischen und vom Schwarzwald reisten sie an, um auch die neuesten Filme von Wim Wenders, Margaretha von Trotta, Werner Herzog, Hans W. Geißendörfer oder Hans-Jürgen Syberberg sehen zu können. „Die hat sonst kein Schwein gezeigt. Das waren für die anderen Kinobetreiber die Kinoleerfeger, die man gehasst und nicht gezeigt hat." Und Adrian Kutter zeigte sie nicht nur, sondern lieferte auch gleich noch die Macher und Regisseure mit zu den Vorführungen. „Das waren Diskussionsschlachten", sagt Kutter, begeistert über die Gespräche zwischen Publikum und Filmemacher. Und dabei klingt er auch ein wenig so, als ob sich nicht nur die Filme in all den Jahren verändert hätten, sondern auch die Streitkultur.

1973 zeigte Kutter eine Werner-Herzog-Retrospektive, bei der er alles, was Herzog bis zu diesem Zeitpunkt gedreht hatte, auch die Kurzfilme, in Biberach spielte und dazu eine Broschüre, eine Art Buch über Herzog und sein Werk veröffentlichte. Natürlich kam Werner Herzog persönlich nach Biberach zur Aufführung von seinem *Kaspar Hauser* – jeder *für sich und Gott gegen alle* und war derart begeistert, dass er in Kutters Gästebuch schrieb: „Biberach ist unser neuer Stützpunk des deutschen Films. Und das werde ich allen Kollegen erzählen." Das tat er dann auch. „Im selben Jahr hat sich dann Wim Wenders bei mir gemeldet", sagt Kutter und lacht. „Gut, hab ich gesagt, ich mach auch eine Retro über dich. Kurze Zeit später hat er dann wieder angerufen und gesagt, ‚Wo bleibt das Buch?' Der war richtig beleidigt, dass ich keine Dokumentation über ihn machen wollte." Die erste Dokumentation über Wim Wenders und seine Filme kam dann doch noch, rechtzeitig zur Retrospektive. Und er, Wenders, kam natürlich ebenfalls.

Und dennoch schien es anfänglich sehr schwer zu sein, in einem 500-Platz-Theater anspruchsvolle Filmkunst durchzusetzen. „Das war schon wirklich hart an der Grenze des kommerziell Machbaren", sagt Kutter rückblickend, wohl noch immer die leeren Reihen vom Anfang vor dem geistigen Auge, und ergänzt dann relativierend: „Wenn aber die Regisseure auftauchten, da sind dann schon 150 bis 200 Leute da gewesen. Später, als das Ganze dann für Süddeutschland seinen Namen hatte, da war jedes Mal die Bude mit 500 voll, klar. Aber in den Anfängen selbstverständlich noch nicht." Im Rhythmus von zwei, drei Wochen liefen dann immer wieder Uraufführungen von deutschen Filmen über die Leinwand in Biberach. „Gewohnt haben die Filmfreunde hier bei mir im Gästezimmer", sagt Kutter, zeigt den Flur entlang und fügt hinzu: „Ich könnt schon Geschichten erzählen!" Macht er dann aber doch nicht, sondern schmunzelt diskret. Werner Herzog war zum Teil zwei-, dreimal im Jahr mit neuen Filmen in Biberach, Wim Wenders ebenso, auch Schlöndorff, die 68er. Alle. „Auch extrem schwierige

Sachen liefen." Und die wurden dann nach der Vorführung, wie damals üblich, heftig und kontrovers diskutiert. Da es nach den Diskussionen im Kino keinen geeigneten Ort gab, wo sich die Filmemacher und Teile des Publikums zusammensetzen und im kleinen Kreis weiterdiskutieren konnten, kam Adrian Kutter 1978 auf die Idee, ein kleines, multifunktionales Kino zu den bereits bestehenden zwei großen Kinosälen hinzuzufügen. Eines, das zuvörderst als Studiokino mit 70 Plätzen für die Filmkunst genutzt werden sollte und in dem auch „echte Experimente gezeigt werden konnten, die in einem 500-Platz-Theater wirtschaftlich nicht mehr vertretbar waren." Und andererseits ein kleines Kino, das auch als Gastronomieraum und Diskutierstube zur Verfügung stehen sollte. So entstand das *Sternchen*, eines der berühmtesten deutschen Programmkinos, das seit seinem Bestehen von 1978 an jedes Jahr vom Land und Bund für sein ambitioniertes Programm prämiert wird. „Das ist eine Legende", sagt Kutter, auch mit ein wenig Stolz in der Stimme und führt mich durch das heute nach wie vor bestehende, jetzt 60 Plätze kleine Programmkino, mit integrierter Bar und drehbaren Sesseln, die nach der Filmvorführung zu diskussionsfreundlichen Sitzecken gruppiert werden können. An der Wand hängen unzählige Schwarz-Weiß- und Farbfotos des who-is-who des deutschen Kinos und man merkt Adrian Kutter an, wenn er auf die Kino-Ikonen wie Rüdiger Vogler, Vadim Glowna, Lisa Kreuzer, Bruno Ganz, Klaus-Maria Brandauer, Corinna Harfouch oder Marianne Sägebrecht andächtig mit dem Finger zeigt, dass das auch seine Welt ist, die Welt des Kinomachers als Partner, Kompagnon, Freund der Filmemacher, als einer, der zusammen mit ihnen der Magie und dem Zauber des Films hoffnungsfroh verfallen ist.

Zur Eröffnung des *Sternchens* am 10. März 1978, kam Wim Wenders mit *Der amerikanische Freund* in der Original-Fassung nach Biberach. Auch die deutsche Erstaufführung von Peter Handkes Film *Die linkshändige Frau*, bei dem er nicht nur das Drehbuch schrieb, sondern auch erstmalig Regie führte und der von Wim Wenders produziert wurde, war in Biberach zu sehen. Obgleich vier, fünf Tage vor der Premiere Peter Handke von Paris aus Adrian Kutter anrief und sein angekündigtes und zugesichertes Kommen spontan absagte, da er angeblich nach dem Film *Deutschland im Herbst* die bundesrepublikanische ‚Talsenke‘, wie er das selbst nannte, nie mehr betreten könne. „Der hatte die Hosen gestrichen voll gehabt", sagt Kutter und meint Handkes Angst, von der Presse wegen seines Films zerrissen zu werden. „Zwei Wochen später ist er wieder in Berlin herumspaziert." Da die Hauptdarsteller Bruno Ganz und Rüdiger Vogler ebenfalls nicht konnten, sprang schließlich Edith Clever stellvertretend für Handke ein, reiste aus Berlin an und stellte sich eineinhalb Stunden den Fragen des Publikums und der ebenfalls angereisten, omnipräsenten Presse und diskutierte mit 500 Besuchern in Biberach.

Die erste Idee, die gelegentlichen Besuche der Regisseure in Biberach zu strukturieren und zu bündeln, kam dann von Ottokar Runze. Und von Bernhard Sinkel und Alf Brustellin, beides Filmemacher, die neben Fassbinder, Hauff und Schlöndorff ebenfalls an *Deutschland im Herbst* beteiligt waren, spätnachts nach dessen Premiere in Biberach. Sie haben Adrian Kutter geradezu überredet, endlich ein Festival für sie, die Filmemacher, ins Leben zu rufen. „Mach doch für uns, einmal im Jahr, ein Festival, ‚Biberach im Herbst‘", sagt Kutter, die insistierenden Stimmen der dreien noch im Ohr. „Und dann kommen wir alle, an einem Wochenende, können uns gegenseitig die Filme zeigen und können miteinander reden, über unsere Filme und den deutschen Film. Und die Filme dem Publikum zeigen. Und vor allem ohne die Mafia" – womit die Insider, die Akkreditierten, die auf allen Festivals herumschleichen, gemeint waren, die Möchtegerne und Besserwisser – „Ohne die, nur wir, die Filmemacher und das Publikum." Zuspruch kam dann auch noch von anderen Regisseuren, sodass Kutter schließlich gar nichts anderes mehr übrig blieb, als die gemeinsam in verrauchter Luft geschmiedeten Pläne schon ein Jahr später in die Tat umzusetzen. Im November 1979 war es dann soweit. Das ‚Familientreffen der deutschen Filmemacher‘, die ersten Biberacher Filmfestspiele wurden über fünf Tage hinweg mit über 50 deutschen Regisseuren und deren Filmen eröffnet. Alle waren sie da – bis auf einen natürlich. „Fassi, der ist nie gekommen", sagt Kutter und meint Rainer-Werner Fassbinder. „Der ist nie raus aus seiner Höhle in München", sagt er und scheint es heute noch zu bedauern. „Einmal hatte ich ihn soweit, dass er kommt, bei seinem Film *Satansbraten*. Und da hat dann das Schicksal wieder dagegen gespielt." Einen Tag vor der Uraufführung von *Satansbraten* in Biberach wurde der *Filmverlag der Autoren*, bei dem auch Fassbinders Film unter Vertrag stand, an Rudolf Augstein verkauft, was dem exzentrischen Filmemacher gar nicht behagte. „Fassbinder hat gesagt", erzählt Kutter, „,so, Schluss, aus, vorbei, der *Filmverlag* muss jetzt kaputtgehen, tot gehen, und da *Satansbraten* beim Filmverlag ist, werde ich für den Film keinen Finger mehr krumm machen, ich gehe auch nicht nach Biberach.'" Er war schließlich auch nicht mehr durch gutes Zureden dazu zu bewegen, nach Biberach zu kommen, sodass kurzerhand Kurt Raab, Hauptdarsteller im Film, ohne Wissen von Fassbinder, zur Uraufführung des

Films und mit reichlichem Magengrummeln nach Biberach geholt wurde. „Wenn Fassi das erfährt, schlägt der mich tot!", ahmt Kutter die Worte Kurt Raabs nach und lacht. Offenbar hat Fassi es nicht erfahren, da Kurt Raab noch über ein Jahrzehnt lang lebte und in weiteren Fassbinder-Filmen mitspielen durfte. Das erste Biberacher Filmfest lockte, trotz der ungeheuren Regisseursdichte, gerade mal 1000 Besucher an, was doch mehr als bescheiden war, sodass Adrian Kutter nicht davon ausgehen konnte, dieses Vorhaben in Zukunft weiterhin fortzusetzen. Wider Erwarten folgte dem ersten dann doch noch ein zweites Mal, mit allerdings nur der Hälfte der Filme und Filmemacher, reduziert auf drei Tage. „Und so lief es dann viele, viele Jahre", sagt Kutter. „Ab dem 20. Mal wurde es dann wieder aufgestockt auf vier Tage. Seit 2005 dann auf fünf."

Seit dem Jahr 2005 findet das Filmfest auch im umgebauten neuen SternenPalast statt, der jetzt acht Säle beinhaltet mit so schönen Namen wie *Saturn*, *Universum*, *Jupiter* oder *Venus* und von denen jeder ganz individuell gestaltet ist und anders aussieht. Dieser Schritt einer Komplettsanierung und Vergrößerung des Kinos in der 32 000 Einwohner großen Stadt Biberach, das es mit den Multiplexkinos in den nicht weit entfernten Städten Ulm und Neu-Ulm aufnehmen sollte, scheint vor Baubeginn doch sehr gewagt gewesen zu sein. „Ich war wirtschaftlich am Limit angekommen", sagt Kutter und versucht, seine damaligen waghalsigen Überlegungen zu erklären. „Die große Masse der Zuschauer ist abgewandert, in die großen Multiplexe nach Ulm und Neu-Ulm. Die Zukunft war gefährdet. Letztendlich kam ich zu der Überzeugung, entweder das Kino dicht zu machen, das Gebäude und das Grundstück zu verkaufen. Oder General-

angriff, also Bau eines multiplexähnlichen Kinos." Der Generalangriff gelang. Die mittlerweile 300 000 Zuschauer des
SternenPalasts im Jahr geben Adrian Kutter im Nachhinein
recht, womit das Kino in der Statistik der pro-Kopf-Kinobesuche in Deutschland bei knapp zehn Besuchen liegt und
somit die einsame Spitze in der deutschen Kinolandschaft
bildet. Im Vergleich liegt der Bundesdurchschnitt bei 1,6
Besuchen, die Großstadt Berlin hat vier Besuche.

Mittlerweile sind die Biberacher Filmfestspiele nicht nur
in der Filmszene etabliert, sondern auch beim Publikum,
und nicht mehr aus dem kulturellen Leben Biberachs und
Oberschwabens wegzudenken. Und das ist zuvörderst das
Verdienst von Adrian Kutter, für das er jedes Jahr, ehrenamtlich, nicht nur um die 200 Filme sichtet, das Festivalprogramm zusammenstellt, sondern auch die Logistik der
anreisenden Gäste, also fast 80 Flüge, 30 Bahnreisen und alle
Hotelbelegungen organisiert, damit das nächste „Familientreffen der deutschen Filmemacher", wie es einmal Volker
Schlöndorff bezeichnete, wieder erfolgreich über die Bühne
gehen kann. Zur Entlastung und Unterstützung, „da ich
nicht das ewige Leben habe", wurde vor vier Jahren ein Verein, mit dem Biberacher Oberbürgermeister im Vorstand,
gegründet, „da die Stadt Biberach allergrößtes Interesse hat,
dass das Festival auch nach Adrian Kutter erhalten bleibt."
Und zwar so, wie es von ihm konzipiert und fast drei Jahrzehnte lang erfolgreich geführt wurde. „Das Festival muss
so bleiben, wie ich das aufgebaut habe und mittlerweile 29
Jahre leite", beteuert Kutter. Und die Regisseure und Filmemacher geben ihm unisono Recht. Ob man mit Douglas
Wolfsberger redet oder mit Harry Baer, mit den Reding-
Brüdern, die dieses Jahr für ihren Film *Für den unbekannten*

Hund den *Goldenen Biber* gewannen, alle bezeugen die Einmaligkeit und Besonderheit dieses Festivals und die außergewöhnliche Leistung von Adrian Kutter. „Wir haben über 100 Festivals in Deutschland", sagt Kutter, „und ich schwöre, 90 % werden nur gemacht aus reinem Marketing und Touristikgründen" – und dabei redet er sich einmal mehr in Rage. „Aus Liebe zum Film und zu den Filmemachern in keinster Weise und alle schreien immer nur nach Promis, Promis, Promis. Und genau das will ich hier nicht." Dann denkt er nach und ergänzt, „das bin ich auch den 68ern und allen Generationen der Filmemacher, die danach kamen und ihre Filme hier präsentierten, ob Sönke Wortmann oder Tom Tykwer, oder wie sie alle hießen, schuldig, dass es so bleibt." Wenn man Adrian Kutter so engagiert erzählen hört, wähnt man sich in einem der besseren Autorenfilme vergangener Jahre, mit viel Tragik, Pathos, aber auch Humor, in einem Film über die Filme und ihre Filmemacher; ein Film über 30 Jahre deutsches Autorenkino.

Unlängst hat Adrian Kutter seinen SternenPalast mit den acht Sälen und den Planeten- und Sternennamen verkauft. Mit 65 Jahren scheint das eine gute Zeit und vielleicht die letzte Möglichkeit gewesen zu sein, sich vom laufenden, alltäglichen und aufreibenden Kinobetrieb ein wenig zurück zu ziehen. Der Grund war vielleicht auch die jahrzehntelange, mühevolle und zeitintensive Auseinandersetzung mit dem Kinomachen, das manchmal auch schmerzlich sein konnte, und dem ferner „zwei Beziehungen zum Opfer gefallen sind." Auch die Ehe, bei der Werner Herzog Trauzeuge gewesen war, ging dabei in die Brüche. Bei diesem Thema wird Adrian Kutter plötzlich nachdenklich und sagt schließlich, dass er sich vor kurzem einmal selbst befragte, wie sein weiteres Leben verlaufen solle, und er dabei zu der zentralen Fragestellung gelangte: „Willst du allein enden?" Da musste er nicht lange nachdenken, verkaufte alles und plant nun sein Leben nach und neben dem Kino und den Filmen. Über 20 Jahre war Adrian Kutter Vizepräsident des *Weltverbandes der Filmkunsttheater* mit Sitz in Paris. Über 25 Jahre war er im Verwaltungsrat der *Filmförderungsanstalt* (FFA). Über 35 Jahre im Vorstand der *Gilde Deutscher Filmkunsttheater*, dem Verband der Programmkinos. Und über 25 Jahre in der Auswahljury des Deutschen Filmpreises. Und so weiter. Und Schnee von gestern. Und dennoch wird Kutter im weitesten Sinne auch künftig ein Förderer des deutschen Films bleiben. Als Intendant und Programmleiter bleibt er dem Biberacher Filmfest ohnehin erhalten. Und das ist gut so. Hoffentlich noch lange. Denn es scheint undenkbar, dass das Biberacher Filmfest ohne ihn in dieser Form und Einzigartigkeit weiter existieren könnte. Oder wie schrieb der Biberacher Oberbürgermeister Thomas Fettback in seinem Grußwort zum vergangenen 29. Festival im Festivalprogramm: „Denn was wären die Biberacher Filmfestspiele ohne ihren Gründer Adrian Kutter?" Nichts. Gar nichts, möchte man da antworten. Und der OB weiter: „Jedes Jahr stellt er ein vielseitiges und hochinteressantes Programm zusammen und lädt zahlreiche Filmschaffende ein, damit sie in Biberach ihre neuesten Filme vorstellen. Denn das ist das Besondere an unserem Festival: Es werden nur Filme gezeigt, deren Macher sich dem zahlenden Publikum stellen."

Genau. Recht so. Weiter so.

Ein faszinierender Hauch von fast Nichts

Es gibt Momente im Leben eines Mannes, da beneidet er die Frauen. Das ist so einer. Pastellfarbene, hauchdünne BHs, Hemdchen und Slips. Gelb, weiß, rosé, creme. Allein der Anblick verzückt.

Nina von C. – wie aus einer kleinen Textilfirma eine bedeutende Marke wurde

Von außen sieht das Gebäude eher unscheinbar aus. Ein Fabrikgebäude von Anfang des letzten Jahrhunderts vielleicht. Von draußen ist nicht zu erahnen, was sich innen drinnen abspielt. Hier könnte auch eine Metall verarbeitende Industrie untergebracht sein, eine Kugellagerfabrik oder die Relais-Herstellung für die Automobilbranche. Formal deutet nichts auf den Inhalt hin. Mit einem Klingelton wie an einer Hotelrezeption mache ich mich am Empfang bemerkbar und werde schließlich in ein großzügiges Besprechungszimmer mit einem langen Konferenztisch und mehreren Schwingsesseln geführt, wo ich endgültig merke, dass ich bei einem modernen Unternehmen des 21. Jahrhunderts angekommen bin. Indirekte Beleuchtung, geschmackvolle, fast schon futuristisch anmutende Einrichtung und zwei beinahe körpergroße Plakate, schwarz-weiß, nahezu unwirklich scheinend und sehr ästhetisch mit nur leicht bekleideten, wie in Bronze gegossenen, ansehnlichen Damen. Die Blicke bündelnde Aufmerksamkeit verlangen vor allem die Wäscheständer an der Wand, auf denen in vielfacher Ausführung das hängt, von dem nicht nur jede Frau zu träumen scheint: Dessous. Es gibt Momente im Leben eines Mannes, da beneidet er die Frauen. Das ist so einer. Pastellfarbene, hauchdünne BHs, Hemdchen und Slips. Gelb, weiß, rosé, creme. Allein der Anblick verzückt. Wie müssen sich diese feinen, geschmeidigen Kostbarkeiten erst auf der Haut anfühlen?, denke ich und dann an die nicht einmal 120 Jahre alte Geschichte der Unterwäsche respektive Unterhose. Im 18. Jahrhundert trugen Frauen Hemden, Unterröcke und Strümpfe als Unterwäsche, aber keine Unterhosen. Erst ab dem 19. Jahrhundert hatten die Damen im Allgemeinen Unterhosen an, wobei diese bis um das Jahr 1900 im Schritt offen waren. Erst mit der Reformbewegung, die es der Frau ermöglichen sollte, sich freier zu bewegen und aktiv am Arbeitsleben teilzunehmen, setzten sich die geschlossenen Unterhosen für das weibliche Geschlecht durch. Erst zu Beginn des 20. Jahrhundert allerdings entwickelten sich jene Formen der Damenunterwäsche, wie wir sie heutzutage kennen. Wobei die koketten Ausführungen der Unterwäsche damals sicher nicht diesen erotischen Charakter gehabt haben dürften wie heute. Meine Gedanken scheinen ob des verführerischen Augenscheins der Dessous auf den Wäscheständern kurzzeitig auf Abwege geraten zu wollen, als ich, zwischen der neuesten Unterwäsche-Kollektion von *Nina von C.* in die Ecke gedrängt, einen Fernsehapparat aus den 70er Jahren entdecke – das einzige Relikt, das hier scheinbar an früher erinnert. Nicht ganz. Denn neben dem Fernsehapparat scheint auch noch der Senior-Chef des Unternehmens *Karl Conzelmann GmbH + Co. KG* aus Albstadt-Tailfingen den vergangenen Zeiten zu entstammen. Durch den 77-jährigen Walter Conzelmann wird in persona der Vergangenheit gedacht und dieselbige gewürdigt und lebendig erhalten. Rüstig, würde man gemeinhin sagen, rüstig sitzt er, mit weißem Hemd, Krawatte und einer blauen Anzugskombination in einem modernen Schwingsessel am Konferenztisch und erzählt konzentriert, sich Zeit lassend, vom Vater und wie alles angefangen hat.

Die Firma entstand 1920, als sich der Vater von Walter Conzelmann, Karl, unter äußerst schwierigen Umständen mit nur 2000 Mark und vier Rundwirkmaschinen selbstständig gemacht und somit die Firma Karl Conzelmann gegründet hat. Zuerst wurden nur Einsatzhemden produziert. Durch cleveres Geschäftsgebaren hat die Firma die anfänglich schwere Zeit und die Inflation – es wurden nun Kinder-, Herren- und Damen-Wäsche auf Vorrat produziert und erst dann verkauft, als der Geldverfall gestoppt war – überlebt. Im Dritten Reich brachen neben den politisch unsicheren Zeiten auch wirtschaftlich unwägbare Verhältnisse an. Karl Conzelmann konnte sich mit den Nazis nicht anfreunden und trat auch nicht, wie viele andere, in die NSDAP ein. „Meine Mutter sollte in ein KZ gesteckt werden, weil sie Zwangsarbeitern mehr Butter gab, als erlaubt war", sagt Walter Conzelmann, um das Verhältnis der Familie zu den Nazis deutlich zu machen. Als der Vater eines Tages die von den Nazis durchgeführte Kontingentierung der produzierten Waren, aufgrund eines Fehlers eines Mitarbeiters, nicht einhalten konnte und mehr produzierte als erlaubt war, luden ihn die Nazis zum Rapport. Der Zwischenfall ging glimpflich aus. 1942 schlossen die Nazis dann die Firma und mit der Gesundheit des Besitzers, er erlitt einen Herzinfarkt, ging es bergab. „Die Maschinen mussten alle unters Dach geschafft werden", sagt Walter Conzelmann, weil von nun an ein Rüstungsbetrieb in dem Gebäude, das bei einem schweren Erdbeben 1943 stark beschädigt wurde, entstand. Nach Beendigung des Krieges und unter Aufsicht der Franzosen nahm die Firma Karl Conzelmann die Produktion wieder auf. Zuerst wurden Puppenkleider für Spielzeuge in den französischen Kolonien hergestellt. „Es gab dann von denen eine Zuteilung von fünf Tonnen Kunstseide", erklärt Walter Conzelmann und meint die Franzosen. „Bis auf jedes Gramm wurde das Material abgewogen." Noch immer sitzt er, ein wenig in sich zusammengesunken, im Schwingsessel und heftet einen Gedanken an den nächsten, erzählt kontinuierlich von früher, immer auch mit ein wenig Bewunderung in der Stimme für den unermüdlichen Vater und wie der von den zugewiesenen fünf Tonnen heimlich 10 Kilogramm abgezweigt hatte.

Neben dem Senior Chef Walter Conzelmann sitzt am langen weißen Tisch, ebenfalls in einem Schwingsessel, seine Nichte, die jetzige Geschäftsführerin Doris Biedermann, geborene Kissling, und hört ebenfalls aufmerksam und geduldig zu, obgleich ihr die Geschichte längst bekannt sein müsste. Der Sohn des Seniors, Matthias Conzelmann und ebenfalls Geschäftsführer, betritt kurz und schwungvoll den Raum, versucht dem Vater den bisher nicht angerührten Kaffee zu stibitzen, was dieser vehement verhindert, und geht gleich wieder. Irgendwo scheint Arbeit auf ihn zu warten. Was den Senior nicht weiter stört. Ganz in die Vergangenheit verstrickt, rekonstruiert er, nur durch hin und wieder einsetzende, heftige Hustenattacken – offenbar von einer nicht allzu lange zurückliegenden Erkältung – unterbrochen, die Firmen- und somit auch die Familiengeschichte. „1948 gab es die ersten Garne, Flockenbast", sagt er, und ein sanftes Lächeln ist auf seinem Gesicht zu erkennen. „Es ging langsam wieder aufwärts. Ab 1948 gab es dann wieder Material. Und alte Verbindungen wurden aufgebaut." Bis zur Korea-Krise im Jahre 1951–52, als das Unternehmen, wie im Übrigen viele andere auch, einen Dämpfer erhielt. Die Preise für die zu verarbeitenden Materialien stiegen exorbitant an, sodass nur noch sündhaft teuer eingekauft werden konnte. Dem Vater ging es zudem gesundheitlich immer schlechter, sodass ihm nichts anderes übrig blieb, als einen Kuraufenthalt anzutreten. Was wiederum für den nicht einmal 20-jäh-rigen Walter bedeutete, die Geschäfte während der Abwe-senheit des Vaters zu übernehmen. Walter Conzelmann wurde plötzlich im väterlichen Textilbetrieb, der zu dieser Zeit ungefähr 30 Menschen Lohn und Brot brachte, mit Aufgaben konfrontiert, die völlig neu für ihn waren und fast unlösbar schienen. Er wurde in die Welt der Buchhaltung hineingeworfen, ohne anfänglich zu wissen, was es mit Soll und Haben auf sich hatte. Das änderte sich aber schnell. Der junge Walter Conzelmann lernte zügig. Als 1953 die Ge-sundheit des Vaters vollkommen kapitulierte und er körper-lich zusammenbrach, musste Walter 22-jährig den Laden gänzlich übernehmen. Die Zukunftsperspektive war alles andere als rosig. Dreiviertel des Umsatzes bestand, bedingt durch die Korea-Krise, aus einzutreibenden Verbindlich-keiten, die der Vater gewährte, da er aufgrund seiner Gut-mütigkeit die Ware auf Kredit geliefert hatte, der von den Schuldnern letztendlich nicht bezahlt werden konnte.

Der junge Walter Conzelmann griff geistesgegenwärtig und entscheidend in die Geschäftsbelange der Firma ein und stellte die Weichen für eine erfolgreiche Zukunft: Die Kol-lektion wurde auf ein kleines Sortiment reduziert. Von 83 Artikeln wurde das Warenangebot auf 16 und schließlich auf 8 herabgesetzt. Die Konzentration auf Damen- und Mäd-chenwäsche erfolgte. „Die Damenwäsche war einfacher und verkaufte sich besser", sagt Walter Conzelmann leise und vor sich hinguckend, als hätte er die Entscheidung der Reduktion nicht vor vielen Jahren, sondern jetzt erst im Au-genblick zu treffen. Er schmunzelt, weil er weiß, dass die da-malige Annahme und das daraus resultierende entschlossene Handeln ihm bis heute Recht gegeben haben. Das, was er auf dem Gymnasium gelernt hatte, konnte er jetzt, wider Erwarten, in der neuen Funktion des Unternehmens bestens anwenden. Da er nun, nach Ausfall des Vaters, auch die Schnitte für die Modelle fertigen musste, kamen ihm vor allem die Geometrie und der Strahlensatz zugute. „Vor allem die Umrechnung auf andere Größen konnte ich dadurch ohne weiteres bewerkstelligen", sagt Walter Conzelmann, während das Telefon an der Wand plötzlich fordernd klingelt. Doris Biedermann kümmert sich um den Anrufer, während ihr Onkel keine Anstalten macht, sich in seinem Redefluss stören zu lassen und weiterhin von der Vergangenheit erzählt. Auch mit dem Blick zurück scheint dennoch alles geschäftig im Hier und Heute verankert zu sein. „Als mich ein Einkäufer einer großen Warenhauskette sah, jung, unerfahren wie ich war, fragte er zuerst ungläubig ‚Bub was willst du?‘", sagt Walter Conzelmann und lacht, ganz kurz, bevor er wieder heftig hustet. Der Bub wusste ganz genau, was er wollte und auch, wie das zu erreichen sein konnte. „Ich wusste, dass ich der Konkurrenz nicht in die Quere kommen darf." Die Unterwäsche-Konkurrenz war groß und auch mächtig und bestand vor allem aus dem ebenfalls in Tailfingen ansässigen „Schlüpfer-König Schöller", der sich selbst, offenbar ohne einen Hauch von Ironie, gern so bezeichnete. „Deshalb haben wir neue Kunden gesucht", erklärt Walter Conzelmann, und man sieht ihm auch jetzt noch an, wie er damals an diesem Coup gefeilt haben musste und auch ein bisschen stolz ist, dass es so gut funktionierte. Neue Absatzmärkte wurden in der Schweiz erschlossen, in Frankreich und den Niederlanden. „Der hat das anfänglich gar nicht gemerkt", sagt Walter Conzelmann und meint den Schlüpfer-König. Der Export wurde vehement vorangetrieben, sodass in den 60er und 70er Jahren zwischenzeitlich die exportierten Waren bei 55 % lagen, im Vergleich zu anderen Wäscheherstellern war das ein Vielfaches. Ein Großauftrag in den 70ern nach Holland hatte beispielsweise 1,8 Millionen Stück zur Folge. Die Tagesproduktion zu dieser Zeit belief sich auf ungefähr 70 000 Stück. Im Vergleich dazu werden heutzutage bei der Conzelmann GmbH ca. 25 000 Stück pro Tag angefertigt. Eine hohe Produktivität, die Konzentration auf wenige Produkte und eine Mechanisierung der Näharbeiten, wie zum Beispiel durch Einsatz von Etikettenspendern, was Zeit und Geld sparte, brachten den erhofften Erfolg. Auch Großkunden zählten nun zu den Auftraggebern. Einer davon war die Warenhauskette Karstadt. „Zeitweise haben wir nur noch Slips hergestellt", sagt Walter Conzelmann und fügt hinzu: „Und dann davon 70 000 Stück je Tag." Das Unternehmen prosperierte. 1960 waren es ungefähr 60 Mitarbeiter, die bei der Firma Karl Conzelmann beschäftigt waren. Ende der 60er Jahre waren es schon um die 170 Beschäftigten, vor allem Frauen, die an den Nähmaschinen saßen. Darüber hinaus wurde auch mit vielen Lohnbetrieben gearbeitet, was soviel bedeutete, dass Produktionsteile ausgelagert, oder wie man es heute nennen würde, *outgesourct* wurden. Zeitweise liefen bis zu 160 Strickmaschinen in den Lohnbetrieben, mit denen dann die Waren durch das von Conzelmann zur Verfügung gestellte Garn produziert werden konnten. Zu dieser Zeit wurde die 40-Stunden-Woche eingeführt, während sich Walter Conzelmann selbst nicht an diese Vorgabe hielt, oft bis spät in die Nacht im Unternehmen war, damit die Zukunft geplant werden konnte und alles in einer Hand blieb: Einkauf, Verkauf, Schnitte, Kalkulation und Produktion. Das schien auch ein entscheidender Vorteil im Vergleich zu anderen, meist größeren Textilfirmen gewesen zu sein. Es konnte im Familienunternehmen Conzelmann ganz schnell entschieden werden. „Die Fähigkeit, produktiver zu arbeiten als andere, das ist der Grund, weswegen wir überlebt haben und gesund geblieben sind", sagt Walter Conzelmann, und man sieht ihm an, dass er durchaus ein wenig stolz darauf ist, auch wenn es bis heute ein harter Kampf gewesen sein muss, das Unternehmen inmitten der Konkurrenz am Leben zu erhalten.

Was für die Vergangenheit galt, kann für die Zukunft nicht verkehrt sein. Doris Biedermann, die seit 1982 im Betrieb und für Marketing und Merchandising zuständig ist, nimmt den Faden auf. Die diplomierte Betriebswirtin hat in Reutlingen studiert, war anschließend drei Jahre in einem Großunternehmen in München tätig, als sie feststellen musste, dass sie als Frau in der männerdominierten Arbeitswelt des Managements kaum Chancen hatte „in der Hierarchie hoch zu kommen." Die Frustration muss groß genug gewesen sein, um die Weltstadt mit Herz gegen die schwäbische Provinz einzutauschen. Sie entschloss sich, mit in das Familienunternehmen einzusteigen und bildet nun, neben dem Sohn von Walter Conzelmann, Matthias, der Diplom-Ingenieur und für die Technik zuständig ist, die Geschäftsführung. Die Tochter von Walter und Kusine von Doris Biedermann kümmert sich um das Produktmanagement und der andere Sohn hat den Export übernommen, während Walter Conzelmann weiterhin eine beratende Funktion innehat. „Das war am Anfang nicht so leicht", sagt er und meint, das Zepter ein wenig aus der Hand zu geben. Der frische Wind tat der Firma offensichtlich sehr gut. Die Marke *Nina von C.* wurde, auch mit modernen Werbestrategien, etabliert. Die ersten Vertreter wurden 1993/94 eingestellt. Der Außendienst wurde 1995 flächendeckend aufgebaut und damit konnte verstärkt der Einzelhandel bedient werden. Die

Tragegewohnheiten der Frauen haben sich über die Jahre hinweg stark verändert, sodass auch die Produzenten gezwungen waren, sich an diese Veränderungen anzupassen. Neben dem Sortiment änderten sich auch die Toleranzen in der Verarbeitung. Wo man es früher bei der Unterwäsche nicht so genau nahm, muss die Verarbeitung heutzutage perfekt und millimetergenau sein. So wurde auch bei der Conzelmann GmbH das Sortiment dem Kundenwunsch angepasst und nun vermehrt BHs, Slips, aber auch Corsagen hergestellt. In großen Kollektionen, viermal im Jahr, so wie es der Markt verlangt, werden, von drei Designerinnen entworfen, nur noch kleinere Stückzahlen angeboten. Die Außenwirkung der Marke wurde 1998/99 entscheidend verändert. Weg von der pragmatischen Damenunterwäsche, hin zur ‚Wäsche, die Körper und Seele erfreut‘. Künstlerische Erotik bestimmt nun das Erscheinungsbild der Marke *Nina von C.* „Wir arbeiten seither in der gleichen Bild- und Fotosprache", sagt Doris Biedermann und zeigt auf die großformatigen, ästhetischen Plakate der nur leicht bekleideten Damen an der Wand, während Walter Conzelmann sichtlich entzückt hinzu fügt: „Der erste Katalog war eine Bombe." Diese Bombe schlug nicht nur bei der Konkurrenz ein, sondern auch bei den Kundinnen, sodass der Bekanntheitsgrad der Marke stetig stieg und heute bei um die 25% liegt. Da gibt es nach oben hin noch ein erhebliches Steigerungspotenzial. Auch der Export kann noch ausgebaut werden, da die Konkurrenz nicht schläft und vor allem die französischen Miederhersteller viele Kunden an sich binden. Das hat auch Doris Biedermann erkannt. „Der Wäschehersteller ist heute nicht nur Produzent, sondern auch Dienstleister für den Einzelhandel. Wir bieten nicht nur Unterwäsche an, sondern darüber hinaus auch Aktionen, Werbemittel, Aufsteller, Shopkonzepte usw.", sagt sie und weiß, dass der Kampf um den Kunden härter denn je ist. „In Deutschland kauft die Frau durchschnittlich 1,8 BHs im Jahr", sagt Frau Biedermann, und das obgleich der BH, entgegen der Unterhose, eigentlich eine jahrhundertealte Erfolgsgeschichte mit sich herumträgt. Das Konzept, die Brüste zu bedecken und gleichzeitig auch zu stützen, reicht mindestens bis in das antike Griechenland von vor 6500 Jahren zurück. In der Antike und im Mittelalter trugen Frauen Binden aus Leinen über den Brüsten. Der erste moderne Büstenhalter wurde 1889 von der Französin Herminie Cadolle patentiert. Und auch in Deutschland wurden zu dieser Zeit ‚Brusthalter‘ zum Patent angemeldet. Von da an begann die Erfolgsgeschichte des Büstenhalters, der wie andere Wäschestücke auch viele Moden durchlebte. In den 1920er Jahren war er knabenhaft, in den 1930ern rund und in den 1950er Jahren spitz. Ab 1994, mit der Einführung des ‚Wonderbra‘ oder ‚Push-up‘ und neuer Materialien, kam es zu einem neuen BH- und Lingerie-Boom bei den Kundinnen. Die hat Walter Conzelmann immer im Auge, wenn er sagt: „Das Wichtigste für uns ist der Kunde, das Zweitwichtigste der Mitarbeiter, und dann kommt der Lieferant."

Heute hat der Betrieb 120 Beschäftigte, zwei davon sind die Näherinnen Veronika Battenfeld und Corinna Bonert. Sie sitzen an ihren *Pfaff*-Nähmaschinen im Nähsaal mit ungefähr 20 anderen Näherinnen in der zweiten Etage des Gebäudes und nähen das, was unten im Besprechungszimmer so verführerisch auf den Wäscheständern herumhängt. Es surrt, brummt und ist so laut im Nähsaal, dass die Worte es schwer haben, sich Gehör zu verschaffen. „Die Lautstärke wird man gewöhnt", sagt Corinna Bonert, seit 18 Jahren im

Betrieb, und relativiert: „Ich empfinde das nicht als störend oder laut, es ist einfach normal." Gegen die surrende Normalität hilft auch das Radiogerät, das neben fast jeder Nähmaschine steht. „Viele haben das Radio an", sagt die 35-Jährige und lacht. „Manchmal hört man dann drei verschiedene Sender gleichzeitig." Sie arbeitet im Akkord, 7,4 Stunden am Tag. Heute näht sie, schon den ganzen Tag, den Muschelsaum. Sie säumt das Trägerhemdchen, Rück- und Vorderteil separat, ringsum ein. Um die 100 Stück schafft sie in einer Stunde, dafür gibt es dann einen bestimmten Tarif. Wenn sie schneller ist, verdient sie mehr, geht es nicht so flott, steht weniger auf dem Lohnzettel drauf. Neben ihr liegt noch ein mannshoher Berg von schätzungsweise einigen Tausend Stück. „Ist es nicht langweilig?", will ich wissen. „Das Eintönige macht mir nichts", sagt sie ganz pragmatisch und fügt dann hinzu, um erst gar keine Zweifel aufkommen zu lassen: „Das ist eine gute Arbeit, da verdiene ich gutes Geld, von dem her ist das egal." Und wenn es dann doch ein wenig zu eintönig werden sollte, kann sie immer noch das Radiogerät einfach ein wenig lauter drehen und sich von den Klängen davontragen lassen. Annett Louisan singt gegen das ratternde Nähmaschinengeräusch an: „Das füllt mich nicht aus/ Ich fühl mich zu Haus / Nur zwischen den Stühlen / Ich will doch nur spielen / Ich tu doch nichts / Ich will doch nur spielen / Ich tu doch nichts." Die Arbeit an der Maschine läuft ohnehin fast automatisch. „Das hat man im Gespür", sagt Corinna Bonert, nach 18 Jahren ist das kein Wunder. „Da kann ich an alles Mögliche denken. Wie ich meinen Feierabend gestalte, wo der nächste Urlaub stattfindet." Sie lacht verschmitzt und ich sehe ihr an, wie sie die Gedanken, weit über Tailfingen hinaus, an der langen Leine zerren lässt. Bis zum Horizont und weiter. „Dass du fast verbrennst / unter meiner Hand / Wenn ich dich berühr / hab ich nicht geahnt / Ich will doch nur spielen / Ich tu doch nichts / Ich will doch nur spielen / Ich tu doch nichts." Traumwandelnd und tagträumend säumt sie rasend schnell Unterhemdchen für Unterhemdchen und erscheint mir plötzlich wie eine Figur, eine Person, eine Rolle aus einem noch zu drehenden Aki-Kaurismäki-Film mit dem schönen Titel: *Das Mädchen aus der Textilfabrik*. Um sechs Uhr beginnt Corinna Bonert mit der Arbeit im Nähsaal. Um halb vier ist Feierabend. „Es ist ein Job", sagt sie, wieder zurück vom Horizont und mit beiden Beinen auf dem Boden unter der Nähmaschine, eines davon drückt das Gaspedal. „Ich mach es gern, das Geld stimmt, die Arbeitszeiten sind gut und die Atmosphäre auch." Das spricht für den Betrieb, denke ich, und dennoch scheint das für einen Außenstehenden, völlig Ahnungslosen, nur schwer begreiflich zu sein. Die ledige Corinna Bonert, die einmal Friseurin gelernt hat, aber aufgrund einer Allergie den Job wechseln musste und die über ihre Mutter, die ebenfalls bei Conzelmann arbeitet, in das Unternehmen kam, erklärt, dass die Tätigkeit im Vergleich zu früher sogar anspruchsvoller geworden ist. „Wo ich angefangen hab, hat man noch Berge von Arbeit gehabt vom gleichen Artikel und ist nur an einer Maschine gesessen. Inzwischen muss man wechseln zwischen drei, vier Arbeitsgängen, hat nur mehr kleinere Aufträge und man muss flexibler sein. Es ist sicher schwieriger als früher, weil man mehr Arbeitsgänge können muss, aber es macht auch mehr Spaß, als wenn man nur an einem Arbeitsgang sitzt." Das zu verstehen, fällt mir dennoch beim Anblick der emsig arbeitenden Näherinnen nicht einfacher. Alles ist hier noch Handarbeit. In sechs Arbeitsschritten werden die Trägerhemden angefertigt. „Zuschnitt, Schulterschluss, Bördle,

Saum, Motiv und riegeln, damit der Saum und die Naht nicht aufgeht", zählt Corinna Bonert auf. „Beim Büstenhalter sind es noch viel mehr." Und dann kommt die Endkontrolle. Wenn etwas nicht stimmt, geht es wieder zurück in den Nähsaal zu den Näherinnen. Drei von ihnen kommen aus Italien, je eine aus Russland, Polen und Kroatien. Manche gehören schon seit Jahrzehnten zur Belegschaft. Auch Corinna Bonert kann sich vorstellen noch viel länger hier zu bleiben. „Wenn es irgendwie geht", sagt sie und fügt hinzu: „Bis zur Rente." Sie lacht.

Die hat Veronika Battenfeld bald erreicht. Sie ist mittlerweile in Altersteilzeit und hat noch zwei Jahre, bis im Februar 2009 endlich Schluß ist; darüber scheint sie auch ziemlich froh zu sein. Nach 44 Jahren an der Nähmaschine „isch es irgendwann au mal gnug!", sagt sie. Verständlich. Als junges Mädchen fing sie, nach der Schule, in Burladingen als Näherin an und wechselte nach einem Jahr zu Karl Conzelmann in die Zweigstelle nach Hausen im Killertal, unweit von Albstadt-Tailfingen. „Nach der Kündigung kam dann der Chef zwei Wochen lang abends ins Haus und wollte mich umstimmen, dass ich zurückkomm", sagt sie und sieht dabei so aus, als könnte sie es heute selbst kaum mehr glauben, wie umworben, zur damaligen Zeit, die Näherinnen noch waren. „Damals war ich eisern, weil Hausen in meiner Nähe war und zweitens war der Lohn höher. Tailfingen hat immer besser bezahlt als Burladingen." Sie sitzt an ihrer Nähmaschine, als wäre sie nie aufgestanden, verschmolzen mit dem Gerät. Nähmaschine und Mensch scheinen eine Einheit zu bilden, aus der in regelmäßigen Abständen Trägerhemdchen ausgespuckt werden, auf denen Gaze-Motivmuster eingenäht sind. „Besetzen nennt man das", sagt sie, hält das Hemdchen hoch und zeigt das Motiv, das jetzt anstelle des ausgeschnittenen Stoffteils auf der Brustvorderseite prangt. Für 100 Stück braucht sie ungefähr 3,5 Stunden.

„Und hat sich was verändert, über die vier Jahrzehnte in denen Sie an der Maschine sitzen?", will ich wissen. „Die Augen lassen ein bisschen nach", sagt sie.

„Und sonst?" Sie denkt nach und kommt dann doch noch auf eine Anekdote aus der Zeit, als die Filiale in Hausen noch existierte. „Früher habet mir, fast immer bei Vollmond, in Hausen eine Wanderung gmacht, mit unserem damaligen Filialleiter, der des organisiert hat, des waret vielleicht so um die zwanzig Näherinnen. Ond vom Chef Walter Conzelmann hat dann jeder einen 5-Mark-Schein zum Verzehr gkriegt. Vor vierzig Jahr war des. Des war scho a richtige Familie", sagt sie, und dabei klingt auch ein wenig Wehmut bei der dienstältesten Näherin Battenfeld mit. Das scheint heute offenbar undenkbar zu sein. Aber dennoch ist sie zufrieden. „Ein zufriedener Arbeiter ist ein guter Arbeiter", sagt sie und es klingt ein wenig wie auswendig gelernt, aber nicht minder beherzigt. „Wenn's Probleme gibt, dann diskutiert man." Sieben Betriebsratsmitglieder gibt es im Unternehmen. Frau Battenfeld und Frau Bonert gehören dazu.

Auch die 60-jährige Veronika Battenfeld macht sich hinsichtlich ihrer Tätigkeit an der Nähmaschine keine großen Illusionen. „Im Großen und Ganzen isch es Routine, manchmal macht es au Spaß." Nüchtern zählt sie die Vorteile der Tätigkeit auf, als wären es Trümpfe beim Kartenspiel: „30 Tage Urlaub, 37-Stunden-Woche, zusätzliches Urlaubsgeld, gutes Gehalt von 1300 bis 1400 Euro netto im Monat, je nach Leistung, Weihnachtsgeld, 13. Monatsgehalt und einmal im Jahr ein Sommerfest." Die Arbeitnehmer-

Welt scheint hier in Tailfingen bei Conzelmann noch in Ordnung zu sein. Und dennoch wurden auch Stellen abgebaut und nach Rumänien und Portugal ausgelagert. Die Conzelmann GmbH lässt auch im europäischen Ausland nähen, um dem Wettbewerbsdruck stand zu halten und konkurrenzfähig zu bleiben, oder wie die Geschäftsleitung es ausdrückt „nicht alle Arbeitsplätze hier aufs Spiel zu setzen." Frau Battenfeld ist sich sicher, dass „unsere Geschäftsleitung scho guckt, dass da no Beschäftigung da isch", und meint die Zukunft und die Fabrikation in Albstadt-Tailfingen.

Das hoffen nicht nur die Näherinnen, auch alle anderen Beschäftigten der Conzelmann GmbH und nicht zuletzt die Geschäftsleitung selbst. Und *Nina von C.*? Apropos: „Wer ist das eigentlich?", frage ich. Frau Biedermann weiß es.

„Wir brauchten einen kurzen Namen", sagt sie und Walter Conzelmann fügt lächelnd hinzu: „Die Tochter heißt Martina und die kleinere Tochter konnte nicht Martina sagen, sondern nur Nina. Nina allein ging nicht, weil es schon patentiert war, deshalb haben wir *Nina von C.* als Name schützen lassen. Das ist international." Beide lächeln. Wie die Dessous, denke ich, und im nächsten Leben werde ich bestimmt Dessous-Hersteller. Aber auf keinen Fall Näherin. Und wenn alle Stricke respektive Fäden reißen, komme ich eben als Frau zur Welt. Den ganzen Tag von soviel hauchdünner Schönheit und augenschmeichelnder Eleganz umgeben zu sein, scheint das Leben noch verführerischer zu machen. Vielleicht ist es aber auch ganz anders: Verkauft man ein Leben lang Schokolade, mag man selbst vielleicht gar keine mehr?

„Tragen Sie auch Wäsche von Nina von C.?", frage ich die

Geschäftsführerin und dabei umgarnt der Werbeslogan des Unternehmens mein Ohr: *Nina von C., ein Hauch von Luxus für jeden Tag – zu einem attraktiven Preis.*

„Selbstverständlich", sagt Frau Biedermann, ohne einen Hauch von Zweifel aufkommen zu lassen. Bei den Näherinnen, die ebenfalls, in einem Schwall von Gelächter, bejahen, bin ich mir da nicht ganz so sicher. Sie lachen einfach zu verschmitzt. Vielleicht ist es aber auch nur eine Frage des Preises. Die Büstenhalter von *Nina von C.* kosten zwischen 18 und 39 Euro. Bei den Billigangeboten der Discounter in den Wühltischen und dem Gehalt einer Näherin wäre es nicht verwunderlich, wenn die eine oder andere Angestellte im Wäschekauf fremdgehen würde. *Nina von C., natürlich, sinnlich, feminin für die moderne Frau, die Spaß an Mode hat, aber Wert auf perfekte Passform und gute Qualität legt. Nina von C., Wäsche, die Körper und Seele erfreut.*

Genau. Und nicht nur die von Geschäftsführerinnen und Näherinnen. Auch die vom Mann.

Flüchtige Begegnung (6)

In diesem hoch technologischen Zeitalter, in dem wir leben, funktioniert die Kontaktaufnahme und Kommunikation zwischen den Menschen in der Regel über Handy, Festnetz, E-mail, Chat, SMS etc. Dass es anders geht, zeigt folgendes Beispiel. In Pfeffingen frage ich beim Kauf einer Leberkäse-Semmel gegen 12 Uhr Mittags die Fleischfachverkäuferin nach einem Mann, der sich angeblich im nur wenige Kilometer entfernten Burgfelden um die St. Michaelskirche kümmert. Die Fleischfachverkäuferin kennt den Mann selbstverständlich, nur der Name fällt ihr jetzt auf die Schnelle nicht ein; ein weiterer Kunde – ebenfalls beim Leberkäse-kauf – wird sofort konsultiert. Der Mann legt nachdenklich die Stirn in Falten, was ihm aber auch nicht hilft: Ihm fällt der Name ebenfalls nicht ein. Er vermutet aber, der Mann wohne nicht in Burgfelden, sondern in Pfeffingen. Die Fleischfachverkäuferin widerspricht vehement, denkt weiter nach, kommt schlussendlich aber doch nicht drauf und entlässt mich mit dem Tipp, es doch in Burgfelden im Ortsamt zu versuchen.

Auf dem Parkplatz an der Ortseinfahrt Burgfelden verspeise ich die Leberkäse-Semmel und stehe eine halbe Stunde später vor der St. Michaelskirche in Burgfelden. Die Kirche ist abgeschlossen. Zurück am Wohnmobil hält plötzlich ein blauer Kleinwagen an, die Scheibe wird heruntergekurbelt und eine Frau streckt den Kopf zum Fenster heraus. „Send Sie der von dr Metzgerei, der den Mann von dr Kirch sucht?" Ich denke erstens: Ganz stimmt das zwar nicht, ich bin nicht der von der Metzgerei, aber suche trotzdem den Mann von der Kirche. Und zweitens: So schnell wird man zum Fleischfachverkäufer. „Des isch der Reinhard Mayer und wohnt in dr Burgstraße 18, da vor, dann rechts und glei widder lenks."

Sprach's, gab Gas und ward verschwunden.

Ein Stück vom Speer, den Vorderfüßen und dem Schwanz

Mit einer kleinen Leuchtpunktlampe, die an seinem Schlüsselanhänger hängt, zeigt Herr Mayer an der Wand entlang auf die zum Teil stark geschädigten Fresken.

„Da isch dr Deifel!", sagt er, während der rote Punkt auf einem Kopf mit unscheinbarem Gesicht herumtanzt, der durchaus und mit viel Fantasie als Teufel zu identifizieren ist.

Oder: Das Geheimnis um die
mysteriöse Kunigunde

Ich klingle. Er ist nicht da. „Bei den Schwiegereltern", sagt die Tochter. „Muss man schon mal hin, einmal im Jahr", scherze ich. „Nein, nein, jede Woche", entgegnet die Tochter, „immer zur selben Zeit." Aber in einer halben Stunde sei er wieder zurück. Als ich nach ungefähr 40 Minuten zurück komme, steht er schon vor der Tür: Reinhard Mayer, Rentner, Schnitzer, ehrenamtlicher Archivar, der Mann für die Michaelskirche und die gute Seele von Burgfelden. „Gehen wir!", sagt er, als wolle er keine Zeit verlieren und geht mit seiner kleinen braunen Aktentasche voraus, als ginge er ins Büro. Ich folge mit dem Wohnmobil. Es sind nur ein paar Schritte von seinem Wohnhaus zur Kirche, die nahe am Ortseingang von Burgfelden steht. Burgfelden, eine knapp über 300 Einwohner zählende Gemeinde, gehört zu Albstadt, sieht sich aber selbst, das ist allerorts zu spüren, als sehr autonom an. Mehr als 900 Meter über dem Meeresspiegel liegend, fernab der Metropole Ebingen, ist das kein Wunder – zwar noch im Erdbebengebiet, aber da auf einem Bergplateau hoch über dem Eyachtal platziert, sodass die erschütternde Urgewalt Burgfelden und den Burgfeldenern kaum etwas anhaben kann. Und so wirkt auch Herr Mayer; gefestigt, aber ein wenig distanziert am Anfang, abtastend, sich ganz auf die Sache, die Kirche, *seine* Kirche konzentrierend und routiniert, ohne langweilig und einstudiert zu wirken, was man bei vielen Führungen, die nicht nur kunstgeschichtlicher Natur sind, oft erfahren muss. Darauf angesprochen sagt er lapidar: „I will it wia auf der Burg Hohenzollern ebes auswendig lernen ond die Leut a dreiviertel Stund durchschleussa ond dann gaut dia wieder." Das wollen die Leute auch nicht. Bei ihm sind die Leute solange da, wie sie wollen. „I merk ob Interesse do isch", sagt er ganz pragmatisch schwäbisch. „No erklär i a bissle genauer. Wenn i merk des Interesse isch it so do, dann laß i halt des und sell weg." Dieser Mann ist nicht nur Pragmatiker, er kennt sich auch aus. Nicht nur im Umgang mit den Menschen, auch in Bezug auf die Kirche. Dieser Mann weiß viel über die Kirche, auch das, was nicht in der schön aufgemachten vom Landesdenkmalamt Baden-Württemberg publizierten Broschüre steht. Sein Wissen ist nicht nur angelesen, wie bei anderen, wie bei den meisten, aus Büchern und kunsthistorischen Expertisen entlehnt, sondern erfahren im tagtäglichen Umgang mit diesem nur bedingt durchschaubaren Gebäude und seiner Geschichte. Sein Wissen ist auch transkribiert und weiter vermittelt von seinem Vorgänger Karl Stotz, der 54 Jahre lang versuchte, in gleicher Funktion der Kirche und den Geheimnissen um sie näher zu kommen, und der vor ein paar Jahren altersbedingt den Stab an Herrn Mayer weitergab. „Manchmal schnappt etwas an einen na, des will ma gar et", sagt Herr Mayer und lacht. Vom Burgfelder Förderverein angeregt, nahm Herr Mayer den Stab zuerst ein wenig zaudernd, eher verlegen als bestimmt auf und kam zur Kirche „wie dia Jungfrau zom Kend", wie er selbst meint; war zur richtigen Zeit am richtigen Ort, nämlich in der Kirche, und fragte bei den Restaurierungsarbeiten: „Warum hend dia Köpf auf dene Freska koine Gsichter?" Eine ebenso kluge wie berechtigte Frage; die Köpfe haben bis auf den Teufel und Christus wirklich nur weiße Flächen, wo eigentlich Gesichter sein müssten. Für alle anderen war klar, der stellt die richtigen Fragen und ist somit auch bestimmt der richtige

Mann für die richtigen Antworten. „Des was ma heut no sieht, ischt nur die Vorzeichnung, von der richtiga Bemalung isch alles verloraganga und deshalb au die Gsichter." Leuchtet ebenfalls ein. Und schon hatte Herr Mayer eine neue Aufgabe, der er nun schon seit fast vier Jahren, mittlerweile im Ruhestand, nicht nur verantwortungsvoll und pflichtbewusst wie ein Schwabe nun mal ist, sondern auch leidenschaftlich nachgeht. „Spaß muaß es macha."

Die St. Michaelskirche in Burgfelden gehört zu den Kulturdenkmalen des Landes. Im 11. Jahrhundert errichtet, mit Wandmalereien aus der frühromanischen Zeit der Reichenauer Malschule, sollte die Kirche, am Ende des 19. Jahrhunderts baufällig geworden, 1892 abgebrochen werden. Das Dach wurde abgenommen. Dann regnete es, sodass der Verputz der Wände vom vielen Regen abgelöst wurde und darunter etwas Farbiges hervorschimmerte. Das Denkmalamt wurde eingeschaltet und stellte fest, dass es sich bei dem Farbigen um ganz bedeutende Wandmalereien handeln musste, sodass man vom Abriss absah und anfing, die Kirche und die Wandmalereien zu restaurieren. So die offizielle Variante. Die inoffizielle: Der eigentliche Grund, weswegen die Fresken überhaupt entdeckt werden konnten, lag angeblich an der Sparsamkeit der Schwaben, die, wie damals üblich, die baufällige Kirche nur stückweise abgetragen haben, mit dem Dach anfingen, um die Baumaterialien einer Weiterverwendung zuzuführen.

In den Jahren 1954 bis 1956 wurden, neben einer weiteren umfangreichen Restaurierungs- und Sicherungsmaßnahme am Malereibestand, auch Grabungsarbeiten durchgeführt, die zu einem ebenso erstaunlichen wie geheimnisvollen Ergebnis führten. Neben verschiedenen Gräbern, auch Kindersärgen und Knochen von 18 verschiedenen Skeletten, wurde ein gemauertes Doppelgrab mit einem Mann und einer Frau mitten in der Apsis der Vorgängerkirche entdeckt. Am Anfang vermutete man, dass es sich dabei um das Stifterehepaar dieser ersten Kirche aus dem achten Jahrhundert handele. Bei der letzten Restauration, zu Beginn des 21. Jahrhunderts, wurde die Datierung von den Historikern angezweifelt und man ging von nun an davon aus, dass das Grab aus dem 12. oder 13. Jahrhundert stammen würde. Die Knochen der Toten wurden dann im Keller des Denkmalamtes in Tübingen wieder gefunden, mit neuen, modernen Methoden untersucht – und Spektakuläres kam dabei zum Vorschein. Wider Erwarten konnte nun festgestellt werden, dass der ungefähr 60 Jahre alte Mann sogar viel früher als angenommen, und zwar zwischen 600 und 650, beerdigt worden sein musste. „Des war dann scho a kleine Sensation!“, sagt Herr Mayer, und freut sich heute noch spitzbübisch darüber. „Und die Frau?“, frage ich. Die Freude schwindet schlagartig. „Ha, da ging es et so guat aus“, sagt er und fügt hinzu, dass festgestellt wurde, dass die Frau erst 50 bis 100 Jahre später begraben worden sein musste. „A Ehepaar konnt es also kaum sei“, sagt Herr Mayer und lacht, aber nur ganz kurz, während sich seine Stirn in Falten legt. „Vielleicht dr Vater ond Tochter?“, sagt er nachdenklich.

Seit dem Jahre 2004 kümmert sich nun Reinhard Mayer um die Kirche, macht Führungen, angemeldete und auch ganz spontane, insgesamt 185 in den vergangenen fast vier Jahren. Und wenn er mal keine Zeit hat, weil er sich ehrenamtlich auch um den Stammbaum des Dorfes kümmert, alle Häuser in der Geschichte Burgfeldens zurückverfolgt, erfasst und mit Hilfe von Bildern archiviert, dann kann der interessierte

Besucher einfach den Schlüssel bei ihm zu Hause abholen und die Kirche anhand der bebilderten Tafeln in derselbigen erkunden. „Des war bisher 850 Mal dr Fall, sodass seit Mai 2004 über 9500 Menscha dia Kirch bsucht haut", sagt Herr Mayer und man merkt ihm an, dass er auch ein wenig stolz darauf ist und dass diese Quote nicht zuletzt ihm als Verdienst zugeschrieben werden darf. „Und wer kommt so?", frage ich und Herr Mayer guckt mich an, als ob er die Frage nicht richtig verstanden hätte. „Älle", sagt er schließlich, „Junge, Alte, Schulklassa, Albverein, Kirchagemeinda, Ausflügler. Wenn in dr Gaststätte Poscht hier im Ort a Familienfeier ischt, no brauchet die Leut zwischen dem Mittagessa und dem Kaffee an Programmpunkt." Und da kommen dann Herr Mayer und St. Michael ins Spiel. „Und wie lange geht so eine Führung?" Auch diese Frage scheint ein wenig unverständlich für ihn zu sein. „Ha des isch unterschiedlich", sagt er. „Ich frag die Leut immer: ‚Wie lang habet Se Zeit?' – Viele saget dann: ‚Zehn, fünfzehn Minuta.' – ‚Und was wollet dr höra?' – ‚Älles.'" Herr Mayer lacht und sagt: „So schnell kann i net schwätza." Anschließend wird er wieder ernst. „Also, so a halbe Stund sollte ma scho mitbringa." Und die ist bestens angelegt. Steht man neben ihm in der halligen, kühlen Kirche scheint es undenkbar zu sein, sich alleine, ohne seine erläuternden Worte, den Fresken an der Wand zu widmen. Mit einer kleinen Leuchtpunktlampe, die an seinem Schlüsselanhänger hängt, zeigt Herr Mayer an der Wand entlang auf die zum Teil stark geschädigten Fresken. „Da isch dr Deifel!", sagt er, während der rote Punkt auf einem Kopf mit unscheinbarem Gesicht herumtanzt, der mit viel Fantasie durchaus als Teufel zu identifizieren ist. „Dr Kopf, dr Rumpf, dr Schwanz", erläutert Herr Mayer, während der rote Punkt zitternd an der Wand entlang huscht.

„Der Deifel zieht jetzt an dem Strick. Ond do sieht ma in der Höll hat es scho mehr Leut drinna ond der Deifel ziaht jetzt dia so in die Höll nei und duat dia do abliefara." Es könnte aber auch der heilige Michael sein, denke ich. „Der isch doa!", scheint Herr Mayer widersprechen zu wollen und zeigt auf eine Gestalt, die offenbar den heiligen Michael – nachdem die Kirche ihren Namen hat – darstellen soll. „Ond der heilige Michael, der hat so was wia a Gabel und der schiabt do von hinten", sagt Herr Mayer und der rote Punkt schiebt mit. „Und des da isch des ganze Jüngschte Gericht!", erklärt Herr Mayer weiter, während der rote Punkt die ganze Ostwand der Kirche entlang wandert. Das ganze *Jüngste Gericht* hat auch Herr Mayer zu Hause in der Wohnstube hängen, selbst geschnitzt, 1,80 Meter groß und aus Lindenholz. „Ha des kann ma lernen, i kann bloß 's Handwerk", versucht er die Leistung, bescheiden wie er ist, zu relativieren.

Der Wandmalereizyklus von St. Michael wurde nach seiner Entdeckung immer wieder mit den Malereien im Umkreis der Insel Reichenau in Verbindung gebracht. Die narrative Darstellung der hier verwendeten Motive sind biblischen Ursprungs. Die linke Hälfte vom Jüngsten Gericht zeigt den Zug der Seligen ins Paradies, die rechte den Zug der Verdammten in die Hölle. „Die Bösen sind größer als dia Guten." Dazwischen, auf Höhe des Christus, steht Herr Mayer mit seiner Leuchtpunktlampe, während der rote Punkt nach wie vor über die Fresken tanzt. Dann schwenken er und der Leuchtpunkt zur Südwand, um auf dem kaum zu erkennenden, abgeschlagenen Kopf eines christlichen Zeugen hängen zu bleiben, dann auf dem eines fast komplett erhaltenen Lammes. Herr Mayer erläutert die Ikonographie der Motive

und ist in seinem Redefluss kaum zu bremsen, als plötzlich
die Kirchentür knarrend aufgeht und eine ganze Schulklasse,
ohne Voranmeldung, aus Altshausen auf Schullandheim-
aufenthalt die Kirche betritt. Von nun an scheint Herr Mayer
erst richtig in Fahrt zu kommen. Spontan macht er aus der
Führung für einen Erwachsenen eine für 30 zirka 10-jährige
Kinder. „Dia muss natürlich a bissle anderscht sei. Auf des
Publikum zugschnitta!", sagt er und öffnet den Fußboden.
Ein Keller kommt zum Vorschein, in dem sich ein in den
Felsen gehauenes Doppelgrab befindet. Die Kinder zücken
erstaunt und mit fasziniertem Raunen die Fotoapparate und
Herr Mayer erzählt sichtlich erfreut die Geschichte von der
Frau und dem Mann im Grab, die ich bereits kenne. Eine
Geschichte, die nicht nur die Kinder interessiert, sondern
auch und vor allem Historiker. Dabei spielt auch das in der
Nähe des Grabes gefundene gleicharmige Goldfolienkreuz
eine entscheidende Rolle, durch das verschiedene Spekulationen hinsichtlich Alter und Rang der Bestatteten Nahrung
erhielten. Das Original-Kreuz liegt im Landesmuseum in
Stuttgart, das selbstgebastelte Duplikat hält Herr Mayer in
der Hand. Herr Mayer erklärt nun abermals die Fresken und
die Kinder hören aufmerksam zu. „Dr Michael kämpft gega
den Dracha, gega des Böse. Hier sieht ma a Stück vom Speer,
dia Vorderfüß, d'Flügel ond an Stückle vom Schwanz des
Dracha", sagt er wieder und mit Hilfe des roten Punktes
an der Wand illustrierend. „Den Michael sieht ma leider gar
net me." Keiner redet dazwischen, auch die Lehrer halten
sich zurück. Das ist nicht immer so, wie Herr Mayer hinter
vorgehaltener Hand gesteht. „Zum Teil kommat Leit, dia
schwätzet einem emmer drei. Normal machts mr nichts aus,
aber es gibt halt doch Momente, da verliert ma den Fada.
Aber dann fang i halt wieder wo anderscht a, ond guck no,

dass e wieder Kurv krieg auf des, was i han sagen wella."
Dass das gelingt scheint unausweichlich.

Für den „Reigschmeckte" Reinhard Mayer, der bereits 35
Jahre in Burgfelden wohnt und aus dem nur wenige Kilometer entfernten Lautlingen stammt, hat vor allem das Alter
einen Reiz. Das Alter der Kirche im Speziellen, der Fresken,
des Goldkreuzes, der Gräber und das Geheimnis um die
Kirche generell – „Nex Genaues woiß ma gwies!" – lädt natürlich zu allerhand Spekulationen und diversen Vermutun-
gen ein.

Am Ende der Führung, als die Kinder längst schon wieder draußen und unterwegs zur nahe gelegenen Schalksburg
sind, mutmaßt der gelernte Mechaniker Mayer munter
drauflos und gibt sich ganz den Spekulationen hin. „Älles no
net bewiesa", sagt er. „Aber in Zwiefalten liegt des Material."
Und das könnte, wenn es denn ausgewertet würde, einiges bestätigen. Im Jahre 1064 verschwindet die Witwe des
Schenkers der Kirche an das Kloster Ottmarsheim (durch
Schenkungsurkunde bestätigt), eine gewisse Kunigunde aus
dem Elsass, nach dem Tod ihres Mannes spurlos, während
kurze Zeit später ebenfalls eine Kunigunde in Urach auftaucht, von der bis heute niemand weiß, woher diese
stammt. Die Vermutung liegt nahe, dass die beiden Kuni-
gundes, also die aus Urach und die aus dem Elsaß, identisch
sind. Die Kunigunde in Urach heiratet den Grafen Egino II,
woraufhin Burgfelden ein befestigter Stützpunkt wird, sodass eine Wehrkirche, wie die Kirche St. Michael eine ist,
einen Sinn ergeben würde. „Älles Spekulation", sagt Herr
Mayer und gestikuliert mit der Hand in der Luft herum,
lacht und sieht dabei so aus, als wäre es nur noch eine Frage
der Zeit, bis auch das Geheimnis der mysteriösen Kuni-

gunde und somit die eigentliche Bedeutung der Kirche in Burgfelden zweifelsfrei geklärt wäre. Bis dahin bleibt es aber nicht nur für mich ein Rätsel.

„Und was findet heutzutage in der Kirche statt?", frage ich Herrn Mayer, als wir schon draußen auf dem Friedhof stehen, wo es ähnlich kalt ist wie in der Kirche selbst. „Konzerte", sagt Herr Mayer, der die Kirche hinter sich abschließt. „A paar Mal im Jahr."

Wir verabschieden uns.

„Soll ich Sie fahren?" frage ich, aber Herr Mayer winkt nur ab und geht mit seiner braunen Tasche zügig die Straße entlang, als käme er gerade von der Arbeit. Ich schaue ihm nach und habe noch sein „I komm durch dia Kirch mit Leut zsamma, dia hätt i gar nia troffa in meim Läba!" in den Ohren, bis er nicht mehr zu sehen ist. Ich auch nicht.

Das Wunder von Balingen und der Kunst-Messias von Dettingen

Sie kamen in Scharen und warteten wieder in Schlangen, als stünde die Mauer noch und ganz Ostberlin wäre eine Bananenrepublik, mit kostenlosen Südfrüchten jeglicher Art.

Picasso, Monet, Klingler und Doschka:
Wie die Moderne nach Balingen kam und
ein Märchengarten nach Dettingen

Balingen liegt da, wo man nicht unbedingt aufs Geratewohl hingerät. Wenn man von Stuttgart Richtung Bodensee auf der A 81 fährt, lässt man Balingen links liegen. Fährt man auf der B 27 von Tübingen Richtung Konstanz, bleibt Balingen rechter Hand liegen. Fährt man mitten durch die Pampa und verfranst sich heillos auf der Südwestalb, ist es allerdings nicht unwahrscheinlich, dass man plötzlich da heraus kommt, wo Balingen ist. Balingen ist große Kreisstadt und mit vielleicht 35 000 Einwohnern neben Albstadt die zweitgrößte Stadt im Zollernalbkreis. Was auffällt, ist das eigene Autokennzeichen BL. *Eine Stadt zum Verweilen, ein Standort mit Zukunft und außerdem eine feine Adresse für Kunst und Kultur*. So wirbt Balingen für sich selbst. Das mit dem Verweilen, dem Standort und der Zukunft sei dahingestellt und kann der Besucher, sollte er Balingen weder rechts noch links liegen lassen, selbst eruieren. Das mit der Kunst ist dagegen längst bestätigt und ebenso lange bewiesen. Immer wieder, über 25 Jahre hinweg. Die Beweisführung erfolgte durch zwei Männer, die unterschiedlicher fast nicht sein könnten. Der eine pragmatisch, forsch, bodenständig und urschwäbisch. Der andere versponnen, feingeistig, von großem Selbstbewußtsein und mehrsprachig kosmopolitisch. Der eine Ulrich Klingler, Verwaltungskaufmann, Kultur-Manager, Geschäftsführer der Balinger Stadthalle. Der andere Dr. Roland Doschka, Ausstellungsmacher, Sammler, Professor. Und doch verbindet beide etwas, das gemeinsam begeistert: Kunst. Moderne Kunst. Moderne Kunst in Balingen. Und der Traum davon. Träume sind viel schöner, wenn man sie realisiert, müssen die beiden gedacht haben, damals jung und noch nicht ergraut, vor über 25 Jahren, als sie den Plan mit der Moderne in Balingen ausbaldowerten.

Auf dem Weg von Balingen in das vielleicht 20 Kilometer entfernte Dettingen bei Rottenburg zu Prof. Dr. Roland Doschka, erzählt Ulrich Klingler in meinem Wohnmobil von den Anfängen des ‚Balinger Wunders‘, während Karl-Otto Müller, der Chefredakteur des *Zollern-Alb-Kurier*, der dieses Treffen arrangiert hat, auf der Rückbank sitzt und aufmerksam lauscht.

1981 fing das Wunder mit der ersten Ausstellung von 41 *Keramischen Unikaten von Pablo Picasso* an, mit denen die ‚Kunstausstellungen mit Weltniveau‘, wie es später heißen wird, in die kleine Stadt am Fuße der Schwäbischen Alb gelotst wurden. „Ohne den Gemeinderat seinerzeit zu fragen“, sagt Klingler, und man sieht ihm heute noch die Chuzpe an, sozusagen an den politisch Verantwortlichen vorbei, hinter deren Rücken quasi, die Kunstschätze nach Balingen geholt zu haben. „Wir haben ja nicht gefragt, wir haben's einfach gemacht“, sagt er und intuitiv spürt man: das war gut so, und weiß: Manchmal ist Intuition wichtiger als Gehorsam, wenn auch Klingler bekennt, dass es doch „eine große Gratwanderung war“, die auch leicht hätte zum Absturz führen können. „Wir als Veranstalter haben das finanzielle Risiko gestemmt.“ Und die Besucher kamen, 20 000 an der Zahl, um sich die bemalten Tassen, Teller, Vasen und sonstigen Gefäße vom großen Meister der Moderne, Pablo Picasso, anzugucken, die anschließend, nach der Schau in Balingen, Jaqueline Picasso dem Land Spanien geschenkt hat und die heute im Picasso-Museum in Barcelona zu Hause sind und von aller Welt bestaunt werden können. Es war ein bemerkenswerter Achtungserfolg, 20 000 Besucher waren nicht wenig, aber auch nicht Aufsehen erregend viel. „Wir sind natürlich mit jeder Ausstellung, die wir erfolgreich beenden konnten, ein Stück weiter gekommen", lässt Klingler noch einmal das Prozedere in Gedanken Revue passieren. „Vor allem Doschka in der Konzeption. Europa ist da klein, die Drehscheibe ist Paris, er spricht ein akzentfreies Französisch – also kein Thema", sagt er und meint: Dem Wunder wurde weiterhin auf die Sprünge geholfen. Es folgten drei kleinere Ausstellungen: *Braque, Chagall, Miro, Picasso*, die *Grafik der französischen Moderne* und eine *Eckefelder Retrospektive*, die zusammen 30 000 Besucher nach Balingen lockten. Was vielleicht aber noch wichtiger als die Besucherzahl gewesen sein mag, war, dass sich von da an weitere, anfänglich unüberwindbar geglaubte Türen für den Kurator Roland Doschka öffneten. „Mit jeder neuen Ausstellung die wir gemacht haben, ist Doschka natürlich auch immer weitergereicht worden", sagt Klingler und weiß, dass das sicher auch ein Grund für den Durchbruch und den sensationellen Erfolg war, der 1987 dennoch ziemlich unerwartet wie ein sommerlicher, sturzbachartiger Platzregen über die beiden Ausstellungsmacher hereinbrach und mit dem sie den angestammten Kunstbetrieb nass machten, zeitweilig den großen Kunsttempeln und Staatsgalerien frech den Rang abliefen. Eine *Marc-Chagall-Retrospektive*, mit Schwerpunkt auf der frühen Phase, stand zum 100. Geburtstag des Künstlers auf dem Programm. „Der Chefredakteur von der Kunstzeitschrift *Art* trat an uns heran, und sagte: Wisst ihr, dass ihr die einzigen in Europa seid, die sich dieses Themas angenommen haben?", sagt Klingler und scheint von diesem Glücksfall auch heute noch ebenso überrascht zu sein. „Dann kamen die Medien, Fernsehen, Rundfunk, die Feuilletons." Vor seinem geistigen Auge scheinen noch einmal die Horden der Medienvertreter im Gleichschritt, die Sensation witternd, aufzumarschieren. Und im Schlepptau, dicht gefolgt, die Besucher. „Wir wurden überschwemmt von Menschen", sagt Klingler, fasziniert von dem Unfassbaren. „Wir sind überrannt worden." 150 000 kamen in zehn Wochen ins kleine Balingen und bildeten vor der Stadthalle Schlangen, als wäre die Balinger Stadthalle ein *Konsum* im ehemaligen sozialistischen Ostberlin mit Lastwagenladungen voll Bananen umsonst im Angebot. „Wir standen fassungslos davor, das war der helle Wahnsinn!", sagt Klingler, und man merkt ihm die nachhaltige Begeisterung an. Und dann fügt er etwas nachdenklicher hinzu: „Es war manchmal auch an der Belastbarkeitsgrenze des Machbaren." So einen Ansturm, so eine Kunstbegeisterung und ein solches Interesse war man vielleicht in den Metropolen ab und an gewohnt, aber in der Provinz? Auch die Metropole rieb sich verwundert die Augen und guckte neidisch auf diese hinterwäldlerische Zollernalb, die beiden frechen Kunst-Magier und auf ihren ausgekochten und angerührten Wahnsinn. „Wir haben richtig Kohle gemacht, mit Kunst!", sagt Klingler und lacht schallend, dass sogar mein Wohnmobil erschrickt, kurzzeitig von der Fahrbahn abzukommen droht, aber rechtzeitig durch das aufgebrachte Hupen eines Entgegenkommenden wieder in die Spur zurück beordert wird. (Im Rückspiegel ein überraschter Blick vom Müller.) Der Volksmund sprach bezüglich der verdienten „Kohle" jahrelang von der ‚Chagall-Million', mit der so manche Investition – und nicht nur die der Kunst – bezahlt wurde. Auch die anfänglich hinters Licht geführten Gemeinderäte schienen nun zufrieden. Wenn Klingler so erzählt, engagiert, leidenschaftlich und emotional und so, als wollte er die Worte für alle Ewigkeit in die Luft meißeln, dann klingt das alles wie ein Märchen und unvorstellbar. Es war ein Märchen, ein schönes, ein traumhaftes, in dem der gewiefte und eloquente Roland und der furchtlose und spitzbübische Uli das doch eher bieder anmutende Städtchen Balingen zur Speerspitze der Ausstellungswelt Deutschlands verzauberten. Mit dem Rezept: macha, macha, macha – oder wie Doschka später sagen wird: „Sie brauchen Passion und Kompetenz." Und Glück. Alles kam auf einmal, sodass die Provinz die Metropole schlagartig weit hinter sich ließ. „Wir haben natürlich auch damit kokettiert", sagt Klingler. „Kleine Stadt, große Kunst." Die Koketterie wurde anfänglich belächelt. Als dann der erste große Erfolg da war, wurden die Kritiker ruhig gestellt und die Neider traten auf den Plan. Und die Nachahmer. „Es ist unvorstellbar, wie viele Städte versucht haben, das einfach nachzuahmen", sagt Klingler und scheint darüber nicht so recht erfreut zu sein.

Mit dem Erfolg der letzten Ausstellung wuchs die Herausforderung für die nächste. „Die Messlatte lag vor uns." Oder hing über ihnen wie ein Damoklesschwert. Auch ein wenig zum Erfolg verdammt. 1989 kam die große *Picasso Retrospektive* mit 90 000 Besuchern und im Zweijahresrhythmus ging es weiter. „Bis zum großen Hammer" 1992, als Klingler und Doschka – Laurel und Hardy der Kunst – als erste in Deutschland in einer Ausstellung Claude Monet präsentiert haben. Weltweit wurden die Exponate angekarrt, aus den USA, Japan und Europa. „Wenn der Moment kommt und diese weltberühmten Werke werden bei uns in der Stadthalle in der Klimakiste abgeladen und man muss einen Tag warten, bis sich das Klima ausgetauscht hat, und dann macht man das erste Mal so eine Kiste auf und sieht dann dieses Kunstwerk live vor sich – die man natürlich von Reproduktionen kennt – das ist schon was Besonderes. Das macht schon Spaß", sagt Klingler – man nimmt ihm die Begeisterung ab – und zaubert sich selbst einen verführerischen Glanz in die Augen. Nach den Kisten mit der hochwertigen Kunst kamen dann die Kunstliebhaber in die Balinger Stadthalle und auch die, die sich dafür hielten, um den Monet und seiner impressionistischen Weltkunst ihren Besuch abzustatten. Sie kamen in Scharen und warteten wieder in Schlangen, als stünde die Mauer noch und ganz Ostberlin wäre eine Bananenrepublik, mit kostenlosen Südfrüchten jeglicher Art. Über 200 000 Menschen strömten nach Balingen und wollten Seerosen und dergleichen sehen, in zehn, elf Wochen. Gigantisch. „Das war vom Besuchermagnet das Größte was wir gemacht haben", sagt Klingler und weiß auch, dass dadurch Balingen als Kunststadt seinen internationalen Ruf festigen konnte. Einerseits. Andererseits schien das natürlich auch nicht ganz ungefährlich gewesen zu sein. So teure Kunst zieht womöglich auch ungeliebte Gäste an. „Man hat natürlich schon auch Angst, dass eines der Bilder wegkommt", sagt Klingler und ahnt, was die Folgen wären: „Das wäre natürlich schon auch ein Imageschaden. Aber ohne Risiko geht halt nichts", stellt er pragmatisch fest und wiegt sich selbst ein wenig in Sicherheit. „Wir wissen natürlich auch, dass wir alles getan haben, was möglich ist, dass der Schutz gewährleistet werden kann, wohl wissend, dass es keinen 100-prozentigen gibt, keine Frage. Wenn irgendein Idiot kommt und schmeißt Ihnen einen Farbbeutel in so ein Bild rein, dann ist es passiert. Das können Sie nicht verhindern", sagt Klingler und klopft in Gedanken dreimal auf Holz, dass, wie bisher, auch in Zukunft nichts dergleichen passieren wird. Der Müller auf der Rückbank klopft mit.

Die Balinger Erfolgsgeschichte mit der Kunst ging weiter. Nach Monet kam *Miro* 1994 und mit ihm 75 000 Menschen aus der ganzen Welt, die sich für Kunst interessierten. Die Schlangen waren zwar nicht mehr ganz so lang, aber auch *Das ewig Weibliche*, wen wundert's, lockte, und nicht nur Männer, im Sommer 1996 ebenfalls 75 000 Menschen nach Balingen. Dann folgten zwei Kracher unmittelbar aufeinander. *Marc Chagall* 1998, und *Pablo Picasso* im Jahre 2000 riefen mal wieder, Muezzins gleich, die Botschaft von der großen Kunst in der kleinen Stadt hinaus ins Land und jeweils 120 000 Kunstpilger erhörten andächtig den Ruf und kamen zur Kunstmesse. Ein Jahr nach Picasso war dann *Paul Klee* da und mit ihm 92 000 Zuschauer. „Diese Erfolge hatten natürlich auch eine publizistische Wirkung, weit über Deutschland hinaus", sagt Klingler, mit ein wenig Stolz in der Stimme, während wir gerade an einem Hinweisschild vorbei fahren, das die Richtung nach Tübingen anzeigt. Apropos Tübingen: War da nicht auch mal was, mit der Kunst? Müller nickt. Klingler auch. „In Tübingen lief ja zur selben Zeit dasselbe", sagt er. Götz Adriani, der langjährige Leiter der Kunsthalle Tübingen, hat schon zwei Jahre vor Balingen, nicht minder erfolgreich, mit großen Kunstausstellungen hantiert. „Und dann kamen wir, das war dem gar nicht recht." Anfänglich hat Adriani die beiden selbsternannten Ausstellungsmacher aus dem nicht mal 40 Kilometer entfernten, provinziellen Balingen wohl belächelt. Als diese dann aber auch Erfolg hatten, war es vorbei mit dem Humor. „Der hat uns gehasst bis aufs Blut", sagt Klingler und weiß natürlich, dass sich beide gar nicht in die Quere hätten kommen müssen. Tübingen platzierte seine großen Kunstausstellungen in den Wintermonaten. „Wir haben es immer im Sommer gemacht", sagt Klingler, aber nicht wegen Tübingen, sondern wegen der Strategie. „Das war auch ein Stück weit Marketing für die Stadthalle. Das ist die tote Zeit in der Halle, da kann man kein Theater spielen, da macht man keine Kongresse. Mit den Ausstellungen haben wir es geschafft, im Sommer das Haus zu beleben und viele Menschen zu kriegen." Jetzt spricht nicht nur der dem Schönen zugewandte und beseelte Kunstliebhaber, sondern der knallhart kalkulierende Verwaltungsfachmann, das Organisationstalent, der pekuniär denkende Manager, der er auch sein muss. Und aus dem dann auch noch ein paar ebenso versöhnliche wie einsichtige Töne bezüglich der Tübinger Konkurrenz kommen. „Wir hätten durchaus, wenn wir gescheiter gewesen wären, alle zwei, Synergieeffekte herausholen können, wenn wir nur bloß zusammengearbeitet hätten. Aber der Adriani wollte natürlich das Alleinerkennungsmerkmal ,Kleine Stadt und große Kunst' für sich haben. Und jetzt kommen da zwei und machen das gleiche" – und das auch noch länger als er selbst. Adriani ging vor fünf Jahren in Rente. In Balingen dagegen ging 2005 noch die bisher letzte Ausstellung mit *100 Jahre Brücke, Karl Schmidt-Rottluff* über die Bühne, mit Werken aus der Kunstsammlung Chemnitz. 30 000 Zuschauer kamen. Gemessen an den vorherigen Erfolgen war das natürlich weit unter den Erwartungen. „Natürlich waren wir auch ein Stück weit enttäuscht, keine Frage, weil wir einfach verwöhnt waren von irren Zahlen", sagt Klingler und versucht, dafür auch gleich plausible Erklärungen zu finden. „Die High-boom-Zeiten der Ausstellungen sind vorbei, das waren die 90er Jahre, das hat sich relativiert. Einmal durch viele Nachahmer. Und dann eben ist der Boom zurückgefahren auf normal." Klingt einleuchtend. Aber was bedeutet das für die Zukunft der Balinger Kunstausstellungen? Klingler scheint nachzudenken. „Die Kunstausstellungen sind schon eine besondere Visitenkarte unseres Hauses, keine Frage." Stimmt. Und weiter? Wieder kurzes Nachdenken, dann: „Wenn wir was machen, muss es im Konzept der Vergangenheit stattfinden." Auch klar. Und? „Ich kann hier keine Minigeschichte machen, da mach ich lieber nix." Da ist er wieder, der sympathische, schwäbische Größenwahn. Jetzt auch beim Klingler, obgleich ich ihn vielmehr beim Doschka erwartet hätte. Aber vielleicht verstehen sich die beiden, über die Jahre hinweg, deswegen auch so gut. „Wir planen für 2010, im Sommer, einen Big-point!", sagt Klingler und gibt sich plötzlich seltsam zugeknöpft, während Karl-Otto Müller auf der Rückbank aufhorcht. Scheinbar ist noch nicht alles in trockenen Tüchern, denke ich. Oder hat das vielleicht auch mit Doschka zu tun, mit seinem zwischen den Zeilen heraus hörbaren Zaudern? „Es liegt immer an Personen", scheint Klingler bestätigen zu wollen und mit Blick auf die Zukunft und das Alter des Kompagnon. „Ich kann den Doschka nicht austauschen, so von heute auf morgen." Will er auch nicht. Und Doschka, will der sich vielleicht austauschen lassen? Apropos: Roland Doschka ist mittlerweile 65 Jahre alt und eigentlich reif für die Rente. Oder besser, für seine selbst gewählte und konzipierte Insel in Dettingen. Wo wir jetzt ankommen.

Vor meinen Augen liegt ein architektonisches Kleinod, ein Wohnhaus, entworfen vom Tübinger Architekten Heinrich Niemeyer. Und ein Garten, entworfen von Doschka selbst, der seinesgleichen sucht und in Deutschland nur schwerlich zu finden ist. Ein Märchengarten, ein Gartenkunstwerk, wo das *Märchenwunder von Balingen*, vom Hausherrn und Gartenfreund, durch das üppige Grün schreitend, gedanklich kultiviert werden kann.

„Roland!", ruft Klingler. Aber der Garten ist so groß, nämlich weit über einen Hektar, dass Roland, vermutlich in Gedanken mit Balingen schwanger gehend, überall sein könnte. Mehrere Gärtner schneiden, stutzen, schnippeln, säbeln an den Bäumen, Sträuchern und Pflanzen herum, um den Garten winterfest zu machen und der Pracht Fasson zu verleihen. Und das seit über 30 Jahren. Elemente der impressionistischen Malerei finden sich in dieser Gartenkunst an jeder Buchsbaumhecke wieder. Blumenarrangements, die jetzt in der kalten Jahreszeit leider ihre Blüten verloren haben, verwandeln den Garten im Sommer zu einem farbigen, impressionistischen Gemälde. So zeigt der Garten zum Beispiel in den Sommermonaten ein beeindruckendes Farbenfeld aus 1000 in den französischen Nationalfarben aufblühenden Blumen – Iris, Zierlauch, Mohn – nach dem Vorbild des einst vom französischen Maler Claude Monet in Giverny kreierten Gartens.

„Roland?"

Es ist ein botanisches Märchen, ein gärtnerisches Wunderwerk, weit über Dettingen hinaus bekannt und berühmt und insofern mit dem ‚Balinger Wunder' bestens kompatibel. Für diesen in Rottenburg-Dettingen angelegten Privatgarten bekam Roland Doschka 2006 den hochrangigen *Europäischen Gartenschöpferpreis* von der Europäischen Kulturstiftung überreicht, die damit diesen herausragenden deutschen Privatgarten würdigte, der in Anlehnung an die Kunst der Impressionisten entstanden ist und mit viel Liebe zum Detail, den Farbharmonien und außergewöhnlichen

Kompositionen, ganz in der Tradition der europäischen Gartenkultur steht und damit ein schützens- und erhaltenswertes Gesamtkunstwerk darstellt.

„Roland?"

„Da ist er!", sagt Müller.

„Wo?", frage ich.

Wie ein einsam verirrtes Eichhörnchen schleicht er, seltsam entrückt, durch den Garten und ist schließlich doch noch aufzufinden: Prof. Dr. Roland Doschka, von Haus aus Romanist, aber viel lieber Kunstsammler, Kurator und eben auch Gartenliebhaber – kein Wunder, bei so einem Prachtexemplar. Ein Maulbeerbaum ragt in den Himmel, eine Sonnenschirmkiefer guckt verträumt und ein 100-jähriger hüfthoher Buchsbaum aus der Sowjetunion sieht aus, als wollte er im Stillen über den Untergang des Sozialismus reüssieren, während Doschka von dem „mediterranen Klima" in seinem Garten schwärmt, das uns anderen dreien momentan leider vorenthalten bleibt. Es ist saukalt im Märchengarten! Das scheint den Professor, in seiner dicken, wärmenden Daunenjacke aber nicht zu stören. Klingler friert wie ein nasser Hund, Müller ebenso, ich auch. Und Doschka erzählt. Vom Garten, den er ganz alleine konzipiert und entworfen hat. „Heutzutage kommen die Gartenbauarchitekten und reden gar nicht viel, die sind nur am Fotografieren", sagt er, während Müller auch fotografiert, als wäre er ein ganz erfolgreicher Gartenbauarchitekt. „Es gibt auch ein Buch über den Garten, *Mit Goethe durch das Gartenjahr* heißt es. Das hat sich in drei Jahren 100 000 Mal verkauft, bundesweit", sagt Doschka und erntet dreifaltige Anerkennung, während die Finger vor Kälte langsam in die Rosenhecken abzufallen drohen.

Und dann kommt Doschka schließlich doch noch auf das Balinger Wunder zu sprechen, noch immer draußen, jetzt auf einer Gartenbank sitzend, auf der es leider auch nicht wärmer ist. (Eher im Gegenteil: gefühlt minus 20 Grad!) Jetzt erzählt Doschka, routiniert aber auch mit Verve, als würde er gleich die Kälte in Hitze verwandeln oder Luft in einen wärmenden Tee. „Als ich in Balingen begonnen hatte, war ich Präsident der deutsch-französischen Gesellschaft Tübingen, und für diese Gesellschaft hatte ich schon eine Reihe von Ausstellungen organisiert", sagt er und meint, „dass von nix, nix kommt". Klingler kam und entdeckte ihn, damals, als man in Balingen noch nichts vom späteren Ruhm ahnte und *Monet* höchstens irgendwie in Verbindung mit *money* sah. (Was ja mittlerweile auch gar nicht mehr so falsch ist.) Klingler bestätigt, neben Doschka sitzend, ganz rot um die Nase und womöglich vom wärmenden Tee träumend (wie Müller und ich auch) und sagt, die Worte wie gefrorene Eiszapfen aus dem Mund tragend: „Beim ersten Besuch hier, ich glaub da hast du einen Bocksbeutel aufgemacht und da habe ich dann auf der Terrasse zufällig Keramiken gesehen und die waren von Picasso. Und so entstand die Idee zur ersten Ausstellung. Da gab es die Stadthalle noch gar nicht. In der Volksbank wurden dann zehn Exponate ausgestellt, das war 1978." (Schöne Idee, denke ich, und bei Bocksbeutel daran, ob das vom Klingler vielleicht ein Wink mit dem Zaunpfahl gewesen sein könnte. Aber weit und breit kein Tee in Sicht.) „Und wie kommt man an die Exponate ran?", will ich wissen. „Es läuft über den Namen", sagt Doschka im Wissen, dass er einen sehr guten in der Szene hat. „Sie müssen einen Namen haben, durch ihre Publikationen und Querempfehlungen, und dann läuft es." Und diese Querempfehlungen und Verbindungen hat er. Doschka kennt sich aus, trotz

Quereinstieg – er ist von Haus aus kein Kunsthistoriker, sondern Romanist, also Seiteneinsteiger – in der Kunstwelt. Und vor allem kennt er, auch bedingt durch sein Studium in Frankreich, entscheidende Sammler und Nachfahren der Künstler. Den Leibarzt von Picasso, die Enkelin von Chagall, Jacqueline Picasso, um nur ein paar wenige zu nennen. „Sie geben die Werke mir und nicht Balingen", sagt er ganz selbstbewusst, während Klingler nebenan schweigt, unklar, ob er vielleicht tatsächlich schon eingefroren ist oder einfach gar keinen Grund sieht, zu widersprechen. Die Europäische Kulturstiftung *Pro Europa* widersprach auch nicht und überreichte 2006 Dr. Roland Doschka und der Stadt Balingen den *Europäischen Kultur-Projekt-Preis*, der regelmäßig an herausragende kulturelle Initiativen vergeben wird.

Und wie geht es weiter mit dem Wunder? Dem Märchen? Mit Balingen und der Kunst? „Wir sind ins Abseits geraten", sagt Doschka seltsam mutlos. „Die Achse läuft so: Basel, Freiburg, Baden-Baden, Stuttgart und Würth", sagt er und schreibt mit dem Finger Punkte auf die Gartenbank. „Das ist eine Linie und da liegt Balingen völlig im Abseits." Ist das Understatement oder Pessimismus?, denke ich, während Doschka hinzufügt: „Das ist ein schwieriges Metier geworden."

Nun ja, mag sein, aber es ist auch schwer, einen Maulbeerbaum in dieser Schweinekälte des Gartens am Leben zu erhalten. „Die Stadt braucht eine langfristige Konzeption für die nächsten zehn oder zwanzig Jahre", kommt Doschka ins Grübeln „Und da tickt bei mir die biologische Uhr, das muss man sehen." Noch sieht er ganz frisch aus und selbst diese sibirische Kälte kann ihm offenbar nichts anhaben. Was man von Klingler und Müller nicht behaupten kann. Wenn die beiden nicht bald ins Warme kommen, muss man sie hier von der Bank kratzen. „Ich bin nicht der Ausstellungsmacher für Balingen, für die nächsten 20 Jahre", sagt Doschka postulierend in den Garten hinein. Das scheint auch für Klingler klar zu sein und dennoch erinnert er an die „Absprache für 2010" und den „Big point!"

Dem Maulbeerbaum, der Sonnenschirmkiefer und dem hüfthohen Buchsbaum scheint das egal zu sein. Und ich denke, ein Märchen bleibt ein Märchen, auch wenn es endet. Und ein Wunder ist auch ein Wunder, wenn es lange schon vorbei ist. Und ein Garten ist ein Garten ist ein Garten – und rette mich schließlich in die Wärme meines Wohnmobils. Klingler und Müller folgen.

Flüchtige Begegnung (7)

„Wo kommst du her?", frage ich auf dem Parkplatz vor einem Einkaufszentrum einen jungen Mann in Zimmermannskluft, mit breitkrempigem Hut auf dem Kopf und einem zusammengeschnürten Bündel auf dem Rücken. In der Hand hält er einen Stock. Der Mann ist augenscheinlich auf der Walz und erzeugt inmitten der geparkten Autos und abgestellten Einkaufswägen ein Bild wie aus einer anderen Zeit.

„Aus dem Südschwarzwald", sagt der Mann und guckt mich in einer Mischung aus Zweifel, Verwunderung und Unwissenheit an, als wäre auch ich vor meinem Wohnmobil stehend aus der Zeit heraus gefallen.

„Südschwarzwald?", frage ich, „ist das nicht gleich um die Ecke?"

Er nickt.

„Muss man auf der Walz nicht die Heimat für drei Jahre und einen Tag großräumig hinter sich lassen?"

Er lächelt.

„Meine Mindestreisezeit ist schon vorbei!", sagt der Mann, wobei die Verwunderung, der Zweifel und die Unwissenheit jetzt auf meiner Seite sind. Der tippelt freiwillig weiter, denke ich und: zünftig! – Da bekommt einer von Freiheitsliebe und Unabhängigkeit wohl nicht genug. Oder macht die Not eine Tugend und treibt den Tippelbruder wegen der permanent über der Baubranche schwebenden Arbeitslosigkeit auf die Reise?

„Und wo willst du hin?", frage ich und erwarte als Antwort ein Land, eine Stadt mit mindestens 20 Grad Celsius plus.

„Nach Köln", sagt er, als ob Köln auf den Kanarischen Inseln liegen würde.

„Was willst du denn da?"

„Weiß nicht, mal sehen."

Beneidenswerte Gelassenheit, denke ich, während er die Hand zum Abschied hebt.

Auch ich verabschiede mich, wünsche noch alles Gute und rufe ihm, schon ein paar Meter von mir entfernt hinterher: „Hast du auch ein Buch dabei?"

Er bleibt noch mal im Weggehen kurz stehen, guckt mich an, als ob er die Frage nicht ganz verstanden hätte und antwortet dann entschieden mit: „Klar."

Nach einer kurzen Pause, in der ich in Gedanken die in Frage kommenden Buchtitel durchgehe und irgendwo zwischen *Sakrileg* und *Tannöd* hängen bleibe, sagt er: „Räuber Hotzenplotz!", und dann: „auf Englisch."

Er entfernt sich mit großen, selbstbewussten Schritten ohne sich noch einmal nach mir umzudrehen. Ich schaue ihm nach, wie er in der Ausfahrt des Einkaufszentrums mit seinen schlackernden Schlaghosen langsam verschwindet.

Einmal auf der anderen Seite, dem Verbrechen auf der Spur

Kurz vor Dienstschluss. Ich lege die schusssichere Weste ab. Der Rücken schmerzt. Ich gähne. So manch einer der Polizisten schließt sich mir an.

Von zweien die auszogen, um wieder
nach Hause zu kommen

Ich gebe zu, viele Jahre lang war die Polizei nicht mein
Freund und mir meistens auch nicht sonderlich behilflich.
Sie war aus meiner Sicht immer da, wo sie hätte nicht sein
sollen. Und selten dort, wo man sie brauchte. Mein Kontakt
zur Exekutiven war, vor allem in den Jugendjahren, nie der
beste. Ab und an gerieten wir auch heftig aneinander, weil
ich ein demokratisches Grundrecht, nämlich das der Demonstration, ausüben wollte, das die Ordnungsmacht, zum
Teil mit allen Mitteln, die ihr zur Verfügung standen, offenbar zu verhindern suchte. Wackersdorf, Mutlangen, Brok-
dorf. AKW, Startbahn West, Pershing II. Und so weiter.
Aber es musste gar nicht unbedingt das große Aufeinander-
treffen der unterschiedlichen Auffassungen und Stand-
punkte von demokratischen Grundverständnissen und der
Umgang mit denselbigen sein, was die Kommunikation zwischen uns erschwerte und ein gegenseitiges kritisches Beäu-
gen zur Folge hatte. Spätestens nach einem ungerechtfertig-
ten Strafzettel (subjektiv gefühlt sind sicher alle Strafzettel
großes Unrecht), mit dem Fahrrad auf dem Bürgersteig oder
bei einer Alkoholkontrolle an einer zugigen Ecke mitten in
der Nacht, löste sich die vielleicht anfänglich noch bestehende Akzeptanz für diesen Job, diesen Menschtypus in
Uniform, in starkes Missbehagen auf, das sich, nicht selten,
zu einer lang anhaltenden Abneigung gegenüber Vollzugs-
beamten jeglicher Art verstieg. (Wer kennt das nicht?!) In
jungen Jahren habe ich mich also immer wieder mal, kopf-
schüttelnd den grünen Männchen hinterher blickend, ge-

fragt: Wie kann man nur so verblendet sein, um zur Polizei zu gehen? Ohne mich näher damit auseinanderzusetzen, was das denn für Menschen sind, die freiwillig den Beruf des nicht gerade mit Sympathiepunkten überhäuften, landläufig so genannten *Bullen* ausüben. Wobei „Bulle" laut dem *Lexikon der modernen Sprachirrtümer* ursprünglich gar nicht negativ besetzt war, sondern aus dem niederländischen kommt und „kluger Kopf" bedeutet. Nun, an diesem klugen Kopf kann so mancher zweifeln, der während einer Demonstration ein Hartgummi-Geschoss mit demselbigen aufzufangen versuchte oder im Schwitzkasten eines solchen klugen Kopfes schmerzhaft nach Luft rang. Im Laufe der Jahre hat sich mein Verhältnis zur Ordnungsmacht entspannt. Mit einem vom Innenministerium legitimierten Presseausweis in der Tasche, so scheint mir, wird der uniformierte Beamte zwar nicht gerade zum Freund, aber doch eher zum Helfer. Trotzdem blieb der Wunsch nach der Antwort auf die Frage immer bestehen: Wer ist das, dieser Mensch in Uniform? Die Gelegenheit, dieser Frage auf den Grund zu gehen, würde irgendwann einmal kommen, das wusste ich – und sie kam. Im Herbst 2007 hatte ich die Möglichkeit, hochoffiziell, die auf der anderen Seite kennen zu lernen. Eine profunde Führung von unterm Dach bis zu den Zellen im Keller eines Polizeireviers, angeleitet von einem Kriminaloberrat, verschaffte mir einen ersten Einblick in das Reich der Schutzmänner und -frauen, aus einer für mich ungewohnten Perspektive. Mehr noch, es wurde mir ermöglicht, mit Polizeibeamten zusammen im Dienstfahrzeug eine Nacht zu verbringen. Und, schon mal vorausgeschickt, es war nicht die schlechteste in meinem Leben. Wären die Beamten Beamtinnen gewesen und mit dem Aussehen von, sagen wir mal, Uma Thurman oder Natalie Portman, dann hätte diese Nacht sicher zu denen der Kategorie: unvergesslich und unbeschreiblich aufgeschlossen. (Da die Beamten zwar sympathisch, aber eben doch nur Beamte waren, ist das Beschreibbare möglich.)

Der Kriminaloberrat Thomas Krebs ist 45 Jahre alt und seit Oktober 2007 Leiter des Polizeireviers Albstadt, in dem er über die dort 90 Beschäftigen das Sagen hat und gleichzeitig zuständig ist für 75 000 Bürger auf einer Gemarkungsfläche von 330 Quadratkilometern, in der es jährlich ungefähr 3600 Straftaten gibt und sich um die 1400 Verkehrsunfälle ereignen. Thomas Krebs stammt gebürtig aus Albstadt, war fast drei Jahrzehnte als Polizist und Karriere machend im Land, vor allem dem baden-württembergischen, unterwegs und kehrte nach langer, höchst erfolgreicher Odyssee mit Frau, zwei Kindern und beruflicher Karriere nun wieder in seine Heimatstadt zurück. Ungewöhnlich, denkt man, und stellt bei näherer Analyse fest, dass viele Lebensläufe von hier, der Alb, am selben Punkt beginnen und enden. Viele ziehen fort und kommen nach Jahren wieder zurück. Die wenigsten bleiben weg. Thomas Krebs kam nach dem Abitur und bestandener Aufnahmeprüfung im September 1981 zur Polizei und absolvierte die eineinhalbjährige Ausbildung zum Polizeiwachtmeister in Biberach. Von Biberach ging es nach Heidelberg, dann nach Freiburg an die Akademie für den mittleren Dienst, dann wieder Heidelberg. Als Polizeihauptwachtmeister und nach anfänglichem Schichtdienst bei der Schutzpolizei wechselte er schließlich zur Kriminalpolizei. Alsdann folgten weitere Schritte auf der polizeilichen Karriereleiter nach oben: Zulassung zum gehobenen Dienst, Fachhochschule Villingen-Schwenningen, ab 1991 dann als Kommissar bei der Mordkommission in Stuttgart, mit Laufbahn zum höheren Dienst und erneuter Ausbildung an der Fachhochschule Villingen-Schwenningen und der Polizeihochschule in Hiltrup. Ab 2001 dann Wechsel ins Innenministerium, wo er zuständig für den Aufgabenbereich Jugendkriminalität, Rauschgiftkriminalität und Kriminalprävention war. Nach 26 Jahren kehrte Thomas Krebs schließlich im Oktober 2007 als Kriminaloberrat wieder zurück an den Ausgangspunkt seiner beruflichen Reise, mit viel Erfahrung im Gepäck, einer Bilderbuchkarriere und als Revierleiter von nun an in hochrangiger Position. Die Frage drängt sich auf: Warum? Warum diese späte Heimkehr? Thomas Krebs denkt kurz nach, um dann flugs die Beweggründe wie Perlen an einer Kette aneinanderzureihen. „Hauptbeweggrund war, dass 26 Jahre in Baden-Württemberg und im ‚Ausland‘ unterwegs zu sein genug sind, zweiter Grund: Es ist einfach schön hier, dritter Grund: Die Heimat ersetzt niemand, vierter Grund: die Mutter, fünfter Grund: die Kinder", zählt Thomas Krebs wie aus der Pistole geschossen auf, als ob er sich selbst öfters schon dahingehend befragt hätte, und fügt als einzige Bedingung der anfänglich zaudernden Frau am Ende hinzu: „Ich musste meiner Frau versprechen, dass ich mit meinen Kindern nicht schwäbisch spreche." Wer sich 26 Jahre im ‚Ausland‘ verständigen konnte, dem dürfte das nicht allzu schwer fallen.

19 Uhr
Schichtbeginn im Polizeirevier Albstadt. Zehn Polizeibeamte sind diese Nacht im Einsatz. Zuerst erfolgt die Schichtbesprechung mit dem Gruppenführer. Es ist im Dienstraum vorschriftgemäß exakt 21,5 Grad Celsius warm, während draußen mittlerweile klirrende Minustemperaturen herr-

schen. Nach der Dienstbesprechung und einem wärmenden Kaffee setze ich mich, mit schusssicherer, ockerfarbener Weste um die Brust, auf die Rückbank eines Dienstwagens. „Der Verbrecher sitzt hinten rechts, der Beamte links", erklären lachend die mitfahrenden Polizisten. Ich rutsche nach links. Wir fahren los. Wir fahren Streife. Es schneit. Es ist ruhig. Kaum jemand ist unterwegs.

Der Erste Kriminalhauptkommissar Karlo Gerstenecker ist 53 Jahre alt und Leiter der Kriminalpolizei-Außenstelle Albstadt. Er stammt aus dem nahe gelegenen Meßstetten, brach 1971 nach der elften Klasse die Schule ab und ging zur Polizei. Zuerst kam er nach Hechingen, dann nach Biberach und schließlich zum Polizeirevier Reutlingen. Nach fünf Jahren kehrte er 1976 wieder nach Albstadt zurück, schlug den gehobenen Dienstweg ein, holte in Göppingen die Fachhochschulreife nach und studierte anschließend an der Fachhochschule Villingen-Schwenningen. Hernach wurde er in Tübingen dann zum Kriminalkommissar berufen, von wo es ihn 1982 erneut in die Heimat nach Albstadt zog, wo er in der Kriminalpolizei-Außenstelle von Balingen eingesetzt wurde und sich vor allem um die Wirtschaftskriminalität kümmerte. Seit dem Jahre 2000 ist er nun Leiter der Kriminalpolizei-Außenstelle Albstadt. Karlo Gersteneckers berufliche Reise im Land dauerte nur ungefähr zehn Jahre an, bis er wieder in den heimatlichen Hafen einfuhr. Die Frage drängt sich auf: Was ist hier anders als anderswo? „Wenn man aus der Gegend ist, dann ist, so meine ich, auch mehr Herzblut dabei", sagt Karlo Gerstenecker, ruhig, bedächtig, mit der jahrzehntelangen Erfahrung eines Kriminalers, „weil man einfach auch in der Bevölkerung ist. Wenn man dann abends auch immer wieder gefragt wird, ‚Habt ihr den Brandstifter?' oder ‚Habt ihr den Sexualtäter?' wurmt das einen dann einfach, wenn man das noch nicht geklärt hat." Aus dieser Feststellung über die Alltagserfahrung des Polizeibeamten auf dem Land zieht Karlo Gerstenecker, ganz kriminalistisches Gespür, auch gleich die richtigen Schlüsse: „Das heißt man engagiert sich besonders, wenn man nicht 80 oder 100 Kilometer weg wohnt. Die Identifikation ist stärker, wenn man hier wohnt, und zwar nicht nur acht Stunden am Tag, sondern eben 24 Stunden."

21:00 Uhr
Verkehrsunfall. Über Funk wird aus der Zentrale ein Polizeiwagen angefordert. Unser Streifenwagen mit der Bezeichnung ‚Uhland 5/182' macht sich auf den Weg.

Starkes Schneetreiben. Blaulicht. Bei Kreuzungen und Ortsdurchfahrten wird ab und an das Martinshorn kurzzeitig eingeschaltet. Ein wenig *Tatort*-Feeling kommt auf, obgleich mir die hohe Geschwindigkeit auf der schneeglatten Fahrbahn nicht geheuer ist. Ich schließe gelegentlich die Augen und bilde mir ein, an einem Film-Set zu sein, wo ein emsiges Filmteam bei präparierten und gesperrten Straßen einen reibungslosen Ablauf garantiert, und gebe mich ganz dem Schicksal von Uhland 5/182 hin.

21:15 Uhr
Ankunft an der Unfallstelle in einem Wald zwischen Burgfelden und Pfeffingen. Ein Fahrzeug kam von der abschüssigen, schneebedeckten Fahrbahn ab und stürzte die Böschung hinunter. Zwei weitere Einsatzfahrzeuge werden angefordert. Notarzt. Feuerwehr. Hektisches Treiben und aufgeregtes Durcheinander am Unfallort, es blinkt blau-rot und sieht so aus, als würde gleich Lena Odenthal hinter

einem Baum hervorspringen und persönlich mit ihren durchtrainierten, schönen Oberarmen zur Blechschere greifen. Der Mann im Unfallfahrzeug muss nämlich aus dem Fahrzeug herausgeschnitten und befreit werden. Die Feuerwehrleute legen sich mächtig ins Zeug und geben alles. Auch ohne Lena Odenthal schaffen sie es. Der Mann ist nur leicht verletzt und wird vom Rettungswagen abtransportiert. Später stellt sich heraus, dass der Mann kurz zuvor und nur wenige Meter von der jetzigen Unfallstelle entfernt schon einmal von der Straße rutschte und von einem Räumfahrzeug aus dem Graben gezogen werden musste. Während der Unfall von zwei weiteren Polizeibeamten aufgenommen wird, fahren wir, Uhland 5/182, weiter, um die Angehörigen des Unfallopfers in Burgfelden zu benachrichtigen und müssen feststellen, dass die Frau des Unfallopfers die Abwesenheit ihres Mannes gar nicht bemerkte und ihn offenbar, nach ihrer Reaktion zu urteilen, auch nicht sonderlich vermisste. Anschließend Rückfahrt zur Polizeiwache in Albstadt bei nach wie vor heftigem Schneetreiben, während die Polizeibeamten im Wagen gut gelaunt humorvolle Anekdoten aus dem Polizeialltag erzählen.

Für Kriminaloberrat Thomas Krebs war es immer schon, von Anfang an, seit dem Weggang aus Albstadt, eine Option, in die Heimat zurückzukommen. Als Thomas Krebs, der mittlerweile im Innenministerium in Stuttgart tätig war, erfuhr, dass der aus Freudenstadt stammende damalige Leiter des Reviers Albstadt sich von Albstadt auf die in Freudenstadt freiwerdende Stelle weg bewarb, war für ihn sofort klar, dass das eine der seltenen Chancen ist, heim zu kommen. Gibt es überhaupt einen Unterschied zwischen dem Polizeidienst in einer Großstadt wie Stuttgart und dem auf dem Land in Albstadt? „Im ländlichen Bereich ist das ganz anders wie in Stuttgart", sagt Thomas Krebs, lässt daran keinen Zweifel und konkretisiert: „Hier ist man noch eine Respektsperson. Einerseits gilt bei der Bevölkerung der Polizist noch was. Aber es gibt auch Tendenzen, dass es schlechter wird." Karlo Gerstenecker scheinen ähnliche Gedanken umzutreiben und er fügt hinzu: „Die Gewalttätigkeit gegenüber der Polizei ist auf dem Land viel geringer als in der Großstadt." Der Polizist zähle in Stuttgart wenig, behauptet Thomas Krebs. „Er ist der arme Büttel, der von jedem belächelt und beschimpft wird, weil man es niemandem recht machen kann", sagt er und blickt optimistisch in seine neue Zukunft. „Hier ist es ganz anders. Ein Stück weit hat es auch damit zu tun, dass die Polizisten hier wohnen und verwurzelt sind. Die Leute kennen denjenigen. In Stuttgart wohnen vielleicht 60 bis 70% der Beamten nicht in der Stadt, in der sie arbeiten. Sie identifizieren sich nicht mit dem Stadtteil, in dem sie Dienst machen."

Die Identifikation von Thomas Krebs mit seinem neuen Einsatzort scheint dagegen ein leichtes zu sein. Auch Karlo Gerstenecker scheint sich mit seinem Einsatz- und Wohnort voll und ganz zu identifizieren. Auch er ist hier längst angekommen. „Ich sehe keinen Grund, mich von hier weg zu bewerben", sagt er, zumal er auch den immer älter werdenden Eltern, die ebenfalls hier leben, eine Verantwortung gegenüber verspürt. Der private Alltag ist also festgezurrt, der berufliche dagegen birgt jeden Tag neue Überraschungen. Das scheint es auch zu sein, was den Dienst für die Polizisten so attraktiv macht. „So ist es", bestätigt Karlo Gerstenecker. „Das Vielfältige macht den Reiz. Jeden Tag kommt was Neues." – Und lässt den beruflichen Alltag der Polizei offensichtlich wesentlich spannender erscheinen, als den eines

Klempners oder eines Finanzbuchhalters. Der Kriminal-oberrat und der Erste Kriminalhauptkommissar nicken synchron, bis Karlo Gerstenecker es schließlich auf den Punkt bringt: „Ich weiß am Morgen nicht, was bis zum Abend passiert", sagt er und man kann ihm die Faszination darüber an der Nasenspitze ablesen.

23:30 Uhr
Es schneit noch immer. Die Temperaturen haben sich, meines Erachtens, weit unter dem Nullpunkt heimisch eingerichtet. Wir kontrollieren ein 14-jähriges Mädchen mit erheblicher Alkoholfahne vor einer Diskothek in der Stadt. Trotz innigster und berauschter Beteuerung, nur ein Cola-Weizen getrunken zu haben, hat sie nach erfolgtem Alkoholtest tatsächlich 1,0 Promille. Sie guckt, als ob im Weizen anstatt der Cola Wodka gewesen wäre und kann sich den Alkoholspiegel nicht erklären. Die Polizisten schon. Der Wirt der Diskothek wird vernommen und erhält eine Anzeige wegen Alkoholausschank an Minderjährige, während die Mutter des Mädchens per Telefon verständigt wird. Bis die Mutter eintrifft, warten wir mit dem Mädchen auf dem zugigen Bürgersteig, wobei die Polizisten die Lage des Mädchens zu eruieren versuchen. Sie jammert, weint, vermisst ihre Handtasche und scheint mit ihrer derzeitigen Situation unzufrieden zu sein. Ich auch, kein Wunder bei der eisigen, schneestürmenden Nacht. Die Mutter nimmt das Mädchen schließlich wenig erfreut in Empfang. Wir fahren weiter.

2:00 Uhr
Personen- und Alkoholkontrolle in der Ortsdurchfahrt Winterlingen. Eine junge Frau, die einen völlig nüchternen Eindruck macht und deren Papiere überprüft werden, wird

aufgefordert, in das Alkohol-Anzeigegerät zu blasen. Der
Beamte klärt die junge Frau über Alkohol am Steuer auf und
dass die Kontrolle nicht nur zu ihrem eigenen Schutz sei,
sondern vor allem zum Schutz der anderen Verkehrsteilnehmer. Kann man so sehen, muss man aber nicht unbedingt,
schon gar nicht in dieser Situation, denke ich und dann: Welche „anderen Verkehrsteilnehmer"? Es ist kurz nach zwei
Uhr in der Nacht, es schneit stark, die Frau ist vielleicht
noch 200 Meter von ihrem Zuhause entfernt und auf den
Straßen von Winterlingen ist, außer uns, offensichtlich niemand mehr unterwegs.

Ich hoffe mit der Frau auf möglichst wenig Promille. Und
tatsächlich: 0,0! Die Frau ist erleichtert, ich auch. Ich ver-
mute, die Polizisten ebenso. Wir verabschieden uns, wün-
schen eine gute Nacht und fahren weiter.

3:00 Uhr
Einsatz in der Albstädter Innenstadt. Eine Schaufenster-
scheibe eines Bastel-Stübchens ist eingeschlagen. Die Täter
sind flüchtig. Der Zeuge, der die Polizei verständigte, wird
auf dem Gehsteig vernommen. Anschließend wird die
unmittelbare Gegend mit zwei Polizeistreifen abgesucht
und die Fahndung nach den Flüchtigen nach einer halben
Stunde eingestellt. Von den Tätern, angeblich laut Aussage
des Zeugen zwei Frauen, gibt es keine Spur. Wir kehren
auf die Polizeiwache zurück, wo der Fall von den Beamten
protokolliert wird, was soviel bedeutet wie: Schreibarbeit,
Schreibarbeit und noch mal Schreibarbeit. Das ist der Teil
des polizeilichen Alltags, der in der Regel sehr viel Raum
und Zeit einnimmt und den man meistens als Fernseh-
zuschauer in den allabendlichen Kriminalserien wie *Derrick*,
Tatort und dem *Großstadtrevier* selten sieht. (Eine Lena

Odenthal, mit den schönen, durchtrainierten Oberarmen, schreibt einfach keine Protokolle!) Kein Wunder, es scheint nichts Langweiligeres zu geben, als Formulare auszufüllen – bei der Polizei oder wo auch immer.

5:30 Uhr
Kurz vor Dienstschluss. Ich lege die schusssichere Weste ab. Der Rücken schmerzt. Ich gähne. So manch einer der Polizisten schließt sich mir an. Man sieht den Gesichtern die vergangene Nacht und die elf verstrichenen Stunden an, in denen fünfzehn Einsätze absolviert, drei Verkehrsunfälle aufgenommen werden mussten und ein Polizeiwagen ungefähr 170 gefahrene Kilometer hinter sich gebracht hat. Es war eine ganz normale Nacht im Polizeirevier Albstadt, in der mein Blick hinter die Kulissen sicher ein profunderes zukünftiges Verständnis für den Alltag der Beamten zur Folge haben wird. Aber trotz der Vielfältigkeit und des Abwechslungsreichtums der polizeilichen Tätigkeit, wäre der Beruf des Polizisten – Hand aufs Herz – nichts für mich. Die permanente, grün angestrichene und zur Schau gestellte Ordnungsgewalt und das allgegenwärtige Bestreben, kontrollierend auf die Mitmenschen einwirken zu müssen, würde mir die Beschäftigung ziemlich verleiden. Aber auch täglich in einer grünen Uniform herumlaufen zu müssen und in grünen Autos Streife zu fahren, würde bei mir nicht gerade auf große Vorliebe stoßen. Apropos: Vielleicht ist es einfach dieses aggressive Grün der Polizeiautos, die händelsüchtige Farbe der Uniform, das die Person, die darin steckt, manchmal so unsympathisch erscheinen lässt. Ich weiß, grün soll positiv besetzt sein. Auf der Messskala eines Anzeigeinstruments gibt es häufig den *grünen Bereich*, der den ordnungsgemäßen Betrieb markiert. Bei technischen Geräten signali-

siert eine grüne Leuchtdiode meist den funktionierenden Betrieb. Aber der Polizist ist nun mal keine Leuchtdiode, auch kein Anzeigeninstrument. (Anzeigeninstrumente gähnen nicht und gehen auch nicht aufs Klo!) Da sollte man doch lieber der Natur vertrauen. Die weiß, was gut und was weniger gut ist. Grün steht für den Zustand vor der Reife, da viele Früchte zunächst grün sind. Grün wirkt auch im Bereich der Natur oft dämonisch oder negativ. In der Umgangssprache werden solche Farben als ‚Giftgrün' bezeichnet, wohl vor allem, weil bestimmte einst viel gebrauchte grüne Farbstoffe wie der ins bläuliche gehende Grünspan und das Arsen enthaltende Schweinfurter Grün sehr giftig sind. Da fällt mir ein: Grün ist auch die Farbe des Islam. Der Prophet Mohammed soll sich bevorzugt grün gekleidet haben. Vielleicht soll deshalb (Schäuble als oberstem Dienstherrn sei Dank) die Farbe für die Polizei deutschlandweit sukzessive in blau umgewandelt werden. Blau? – Warum nicht rosa? Man stelle sich vor, die Farbe für die Exekutive wäre rosa. Man stelle sich vor, die Polizisten trügen schmucke, rosane Uniformen, oder fliederfarbene, oder welche in türkis, orange, gelb, oder einfach irgendetwas Pastellfarbenes, mit Blumen drauf womöglich: Vergissmeinnicht, Tulpen, Alpenveilchen. Ich schwöre, die Polizisten würden nicht nur in jeder Situation zu Freunden und Helfern werden, sie wären ein Augenschmaus und Sympathieträger auf zwei Beinen, auch im Auto, und könnten sich vor Angeboten jeglicher Art kaum retten. (Höchstwahrscheinlich auch nicht vor Individuen wie Uma Thurman und Natalie Portmann.) Wetten?

6:30 Uhr
Dienstschluss.

Ich lege mich in meinem Wohnmobil schlafen und träume von Uma Thurman und Natalie Portman in rosafarbenen Uniformen, mit den schönen, durchtrainierten Oberarmen von Lena Odenthal.

Flüchtige Begegnung (8)

Morgens um halb sechs ertönt ein ohrenbetäubender Lärm auf dem REWE-Parkplatz in Tailfingen, wo ich im geparkten Wohnmobil auf dem leeren Parkplatz nächtige. Eine Sirene reißt mich unsanft aus meinen Träumen, die aus lebenden und toten Wildschweinen, leeren Gasflaschen, mit den Füßen scharrenden Stadtarchivaren und reizenden Nonnen bestehen. Der erste Gedanke, der mir, einem gedopten Rotkehlchen gleich, durch den Kopf fliegt: LUFTANGRIFF!

Nach einer nicht allzu lange zurückliegenden und leicht abgewandelten Politikermahnung: „Die Zollernalb liegt gleich am Hindukusch" und der Zollernalbkreis vis-à-vis von Bagdad, erwarte ich jeden Moment amerikanische Bomber im Luftraum über dem REWE-Parkplatz. Die Atomkriegs-Aufklärung der 6oer Jahre noch im Ohr, ziehe ich die Bettdecke über den Kopf und denke an Schönes, das soll helfen. Ich denke an Berlin, den Hund meiner Freundin, mal wieder an die Oberarme von Lena Odenthal, an Natalie Portman … – es hilft nicht. Ein weiterer unschöner Gedanke malträtiert meine Synapsen: ERDBEBENWARNUNG!

Natürlich, ich befinde mich doch in einem Erdbebengebiet und die Sirene ist womöglich der Bote der bevorstehenden Eruptionen. Ich beiße auf die Zähne, halte mich krampfhaft links und rechts am Wohnmobil-Bett fest – aber nichts. Nichts wackelt, nichts bewegt sich: Nur die Sirene schreit noch immer erbärmlich durch die Nacht. Plötzlich befahren Polizeiautos hurtig den Parkplatz und ein aufgeregtes Treiben entsteht vor dem REWE, bis nach ungefähr einer halben

Stunde die Sirene so wie sie begonnen hatte wieder verstummt und erneut Ruhe auf dem Parkplatz einkehrt. Ich bin erleichtert, schlafe wieder ein und spekuliere beim Frühstück, während ich bei REWE meinen Morgenkaffee einnehme, ob das tatsächlich alles so stattgefunden haben konnte, oder ob das vielleicht schon die ersten Folgen und nachhaltige Schäden dieses Langzeitcampings sind.

Eine Art Epilog: Camping alone als interessanter Selbstversuch

Sechs Wochen Alb, sechs Wochen Wohnmobil,
sechs Wochen Fremde, sechs Wochen Heimat.

Oder: Schwein gehabt ...

Sechs Wochen Alb, sechs Wochen Wohnmobil, sechs Wochen Fremde, sechs Wochen Heimat. *Heimat ist da, wo man sich aufhängt*, behauptete Franz-Xaver Kroetz einmal. Vielleicht. Statistisch ist Heimat, laut einer Umfrage des *Spiegel*, für 31 % der Wohnort, für 27 % der Geburtsort, für 25 % die Familie, für 6 % die Freunde und für 11 % das Land. Für mich war es für sechs Wochen ein 7 Meter langes Wohnmobil, mit dem ich von Anfang Oktober bis Mitte November 2007 mehr als 5000 Kilometer über die schwäbischen Landstraßen gefahren bin. Dabei habe ich mit einem halben Dutzend Tankfüllungen die Ozonschicht geschädigt und aufgrund der bitterlichen Kälte sechs Gasflaschen in angenehme Wohnmobilwärme verwandelt. Während dieser Zeit war ich vermutlich auch der einzige Dauercamper auf der Schwäbischen Alb, obgleich ich, im Grunde meiner Seele, überhaupt kein Camper bin, nie einer war, und auch nach sechs Wochen keiner geworden bin. Ich gehöre nicht der Spezies an, die sich die alltägliche Freiheit 4-rädrig und motorisiert erfahren, die einmal im Jahr aus dem Alltagstrott selbstsicher ausbüxen, um sich für ein paar Wochen fernab und jenseits der häuslichen Selbstverständlichkeit für das Abenteuer im Schlafsack, mit Mehrmannzelt oder Wohnmobil mit integrierter Chemo-Toilette rüsten. Die Campingidylle und Schlafsackromantik ist mir völlig fremd. Vor meinem 6-wöchigen Selbstversuch saß ich das letzte Mal in einem Schlafsack eingewickelt in der freien Natur Mitte der 80er Jahre in Mutlangen, während der Proteste gegen die Stationierung der amerikanischen Pershing II-Raketen. Neben mir saß übrigens Heinrich Böll – ohne Schlafsack. Das waren noch Zeiten. Heinrich Böll ist lange tot, und ich besitze ebenso lange keinen Schlafsack mehr. Die Welt ist komplizierter geworden, die Auf-, Nach- und Vorausrüstung ein fester Bestandteil internationaler Politik – und die Literatur nicht unbedingt besser. Schriftsteller sitzen nicht mehr auf den Straßen (höchstens der streitbare und mutige Peter Handke, der ab und an derselbigen entlang spaziert), sondern zu Hause. Ich in der Regel auch – und halte es nachgerade mit Fernando Pessoa und seinem „Existieren ist reisen genug!" Ich orientiere mich frei nach und an Rosa Luxemburg: „Freiheit ist immer die Freiheit des Außenstehenden" – und bleibe meistens und am liebsten zu Hause. Normalerweise. Jetzt nicht. Jetzt war ich sechs Wochen lang unterwegs, fuhr mich und die Freiheit spazieren, und habe dabei nicht nur intensiven Kontakt mit den dort auf der Schwäbischen Alb lebenden Menschen gepflegt, sondern auch, mehr unfreiwillig als beabsichtigt, mit der heimischen Tierwelt.

... kein Hund, eine Sau, was für ein Leben

Es raschelte. Es raschelte nicht weit vom Wohnmobil entfernt. Nein, ein Rascheln war das nicht mehr, ein Rascheln war zu wenig. Oder besser: Es wurde mehr. Immer mehr. Jetzt wackelte es. Das Wohnmobil wackelte, ein wenig. Ich riss die Augen auf und wagte einen Seitenblick zum Wecker. Die leuchtenden Zeiger signalisierten: Es war mitten in der Nacht, Mann! Es wackelte stärker. Aber nicht so, als peitsche starker Ostwind über die Alb und bewegte das

Wohnmobil hin und her. Es wackelte so, als ob jemand leicht mit der Fußspitze gegen die Hinterachse des Wohnmobils treten würde. Ich richtete mich langsam und lautlos im Bett liegend auf, zog den Vorhang ebenso langsam und lautlos einen Spalt breit zur Seite und blickte zum Fenster hinaus. Ich sah: ein Augenpaar. Ich blickte direkt in ein Augenpaar. Vor dem Fenster, nur durch die Dicke der Glasscheibe von mir getrennt, schaute mich jemand an. Vielleicht ein militärisches Manöver, dachte ich, und hier in der Nähe von Meßstetten, in der Nähe einer Kaserne, durchaus vertretbar, auch in der Nacht. Vielleicht ein Soldat mit schwarz getarntem Gesicht. Aber das war nicht das Gesicht eines Menschen. Es war eindeutig ein Tier. Es war kein Hund, das war mir auf den ersten Blick klar. Auch keine Kuh. Es war: ein Schwein, ein Wildschein. Das Wildschein schien mit den Vorderbeinen am Wohnmobil abgestützt zum Fenster hereinzublicken. Wir schauten uns an, als wüssten wir beide nicht so recht, was wir vom anderen zu halten hätten. Herr Lehmann fiel mir ein, der Protagonist des gleichnamigen Romans von Sven Regener. Herr Lehmann, der nachts auf dem Nachhauseweg einem Hund begegnet und sich nicht mehr von der Stelle bewegen kann. Auch ich schien jetzt am Glas, einer Fliege am Fliegenfänger gleich, festzukleben. Die Wildsau auch. Nase an Nase sahen wir uns in die Pupillen, als wollte das Schwein sagen: Wehe, du schaust mir nicht mehr in die Augen, Kleiner! Beide waren wir wie paralysiert. Spiegelnd erkannte ich, in den Augen des Schweins und in der Scheibe des Mobiles, mich selbst – mein Leben. Oh, heilige Wildsau! (Auf der Alb bleibt einem aber auch gar nichts erspart!)

Wie lange das ging, wie lange ich dem Schwein, der Scheibe und mir selbst halb aufgerichtet gegenüber saß, weiß ich nicht. Ich weiß nur, dass mir gleichzeitig 1000 Gedanken durch den Kopf schwirrten. Einer davon: Herakles und der Erymanthische Eber, den der Arme einzufangen hatte. Ein weiterer: Asterix und Obelix und das große Fressen am Ende jedes Comics. Noch einer: Das Tapfere Schneiderlein, das durch einen schlauen Trick den wilden Eber, vor dem sich sogar die Jäger bitterlich fürchten, einfängt. Daraus resultierend auf mich selbst projizierend fiel mir noch einer ein: Ich hätte meine Angst überwinden können, aufstehen, die Tür öffnen und das Schwein hereinbitten. „Nimm Platz, du Sau!", sagen können, „schön dich zu sehen, was kann ich für dich tun?" Wir hätten ein wenig plaudern können – hier drin in der Wärme wäre allemal Platz für zwei gewesen. Ich hätte der Angst aber auch einen schlagkräftigen Ausdruck verleihen können. Ich hätte gegen die Scheibe klopfen, ein bösartiges Gesicht machen oder gar hässlich grunzen, singen, pfeifen, „Holterdipolter!" rufen oder so tun können, als hätte ich überhaupt keine Angst gehabt. Ich wusste, es wäre nicht gelungen, es hätte lächerlich ausgesehen und das Schwein hätte, hätte es denn gekonnt, lauthals gelacht.

Es lachte nicht, sondern guckte noch immer, als würde es mich kennen – quasi das über mehrere Ecken verwandte Schwein in mir vermuten. Gottfried Benn fiel mir ein und sein „Die Krone der Schöpfung, das Schwein, der Mensch", und wieder ich und alle meine Schweinereien der Vergangenheit. Ich wurde rot, mein Gesicht glühte, die Bartstoppeln piecksten als wären es Borsten, während sich das Schweinemaul mir gegenüber ein ganz klein wenig bewegte; es sah aus wie ein zärtliches Lächeln. Ich wollte ebenfalls lächeln – es misslang. Beschämt schloss ich für einen Moment die Augen, öffnete sie wieder: Das Schwein war weg! Das Schwein war verschwunden! Nichts wackelte mehr, es raschelte auch nicht. Ich war erleichtert, froh – dem verschwundenen Schwein sei Dank. Schwein gehabt!, dachte ich und merkte erst jetzt die nasse Stirn, die schwitzenden Hände, den trockenen Mund und das polternde Herz, das so heftig klopfte, als wollte es der türmenden Sau hinterher.

Ich lag lange noch wach.

Und dachte über einen Schwabenwitz nach, den ich tags zuvor in einer Art Gebrauchsanweisung für Schwaben erzählt bekommen hatte: „Ein ärmlich bekleideter Wanderer klopft des Nachmittags auf der Zollernalb nahe Dotternhausen an die Tür eines Bauernhauses. Es wird geöffnet. Der Mann sagt: ‚I han seit drei Dag nix me gessa net.‘ Die Bäuerin mustert ihn von oben bis unten und sagt, während sie langsam die Tür schließt: ‚Ha, doa müssat Sia sich halt zwinga!‘“

Flüchtige Begegnung (9)

„Eine Leberkäse-Semmel, bitte."

Die Fleischfachverkäuferin in der Albstädter Innenstadt nimmt das scharfe Fleischermesser und schneidet ein Stück vom dampfenden Leberkäse.

„Mit Senf?"

„Ja, aber einem süßen."

Sie guckt auf und sagt „Habet mir leider net", überlegt und fügt hinzu: „Nur in'r Tube."

Ich überlege.

„Ist vielleicht ein bisschen viel für nur eine Semmel?"

Sie guckt mich an, scheint ebenfalls zu überlegen und nickt.

„Ich komme ab jetzt öfter", sage ich.

Sie schmunzelt wissend.

„Die nächsten sechs Wochen", füge ich hinzu. Sie geht zum Regal holt eine große Tube süßen Senf heraus und sagt: „Na, dann kann mr scho mal eine aufmacha."

„Danke."

„Guten Appetit."

Dank

Der Autor dankt der Stadt Albstadt und der Stadthalle Balingen für die Unterstützung, ferner Dr. Jürgen Gneveckow, Ulrich Klingler, Roland Heck, Holger Much, Karl-Otto Müller, allen Porträtierten und denen, die das Erscheinen des Buches ermöglichten, Thomas Vogel und nicht zuletzt seinem Verleger Hubert Klöpfer.

Textnachweis

„Warum weiße Schafe mehr fressen als schwarze – Ein Schäfer und sein charismatischer Hund" wurde in gekürzter Fassung im Oktober 2007 erstmals im Zollern-Alb-Kurier abgedruckt.

„Und gestern und heute spielt auch eine Rolle. Jetzt – Das Theater Lindenhof: Grenzgänger fernab der Metropole und doch ganz nah" wurde in gekürzter Fassung im November 2007 erstmals im Zollern-Alb-Kurier veröffentlicht.

„Das Wunder von Balingen und der Kunst-Messias von Dettingen – Picasso, Monet, Klingler und Doschka: wie die Moderne nach Balingen kam und ein Märchengarten nach Dettingen" wurde in gekürzter Fassung im Januar 2008 erstmals im Zollern-Alb-Kurier veröffentlicht.

Die „Flüchtigen Begegnungen" wurden erstveröffentlicht im Internettagebuch des Albschreibers zwischen Oktober und November 2007.

© 2008 Klöpfer und Meyer, Tübingen.
Alle Rechte vorbehalten.
ISBN 978-3-940086-23-5

Umschlaggestaltung: Christiane Hemmerich Konzeption und
Gestaltung, Tübingen.
Herstellung, Gestaltung und Satz: niemeyers satz, Tübingen.
Druck und Einband: Pustet, Regensburg.

Mehr über das Verlagsprogramm von Klöpfer & Meyer finden Sie unter:
www.kloepfer-meyer.de